·我与嘉德的故事·

陈东升 著

中信出版集团 | 北京

图书在版编目（CIP）数据

一槌定音：我与嘉德的故事 / 陈东升著. -- 北京：中信出版社, 2020.11

ISBN 978-7-5217-2069-3

Ⅰ. ①一… Ⅱ. ①陈… Ⅲ. ①陈东升—回忆录 Ⅳ. ①K825.38

中国版本图书馆CIP数据核字(2020)第134856号

一槌定音——我与嘉德的故事

著　　者：陈东升

出版发行：中信出版集团股份有限公司

（北京市朝阳区惠新东街甲4号富盛大厦2座　邮编　100029）

承 印 者：北京雅昌艺术印刷有限公司

开　　本：787mm × 1092mm　1/16　　印　　张：20.5　　字　　数：265千字

版　　次：2020年11月第1版　　印　　次：2020年11月第1次印刷

书　　号：ISBN 978-7-5217-2069-3

定　　价：99.00元

谨 以 此 书 献 给

这个行业所有的建设者和参与者！

献给嘉德同人们！

嘉德艺术中心

目　录

积蓄

初创

成长

创新

感悟

回馈

勃发

推荐序一

中国美术家协会名誉主席
中央美术学院前院长
靳尚谊

我和陈东升很早就认识了，1993 年他成立了嘉德拍卖，他是董事长，王雁南是总经理。嘉德从成立起就分了部门，我第一次和嘉德合作是因为油画部的高园找我，要我的作品来拍卖。我当时刚画完了一张半身的人体画，是在学校的习作，就拿出去拍了。这是我的画第一次拍卖，但是没有拍出去，嘉德通过私洽给我卖了。后来，嘉德油画部经常找我问一些学术和艺术方面的问题。因为那时拍卖活动在中国是新生事物，以前没有出现过，油画拍卖市场一直不好，在我的印象中，油画市场是 2000 年以后才逐渐好起来的。中国要把油画拍卖市场做起来需要一个过程，嘉德是最早的尝试者。

油画是一个新的画种，新中国成立以前，画油画的人很少，油画发展比较缓慢，其中一个原因是没有稳定的收藏群体来支持。那时候油画家也不以卖画为生，都在教书或干别的工作。新中国成立以后，有一个安定的社会环境，由于苏联的油画展来到中国，年轻人喜欢油画的非常多。年轻人的目标是上美术学院，因为那时候毕业以后就有工作，就可以加入创作的队伍中。我们以前没有卖画的习惯，因为油画家都是为国家工作，没有油画市场。给国家画画是有稿费的，革命博物馆或者其他博物馆收藏作品都会支付稿费，那时候稿费还挺高的。改革开放以后经济发展了，有钱人多了，油画才有了市场。但改革开放之初，在国内还是卖不了油画，我想原因主要有三个：第一，中国人不熟悉油画；第二，学油画的人少；第三，经济条件不好。中央美术学院的画廊成立得早，20世纪 80 年代就有了，但是市场一直不好。

收藏能促进油画艺术的良性发展，但收藏者要进行学术研究，注意作品的质量，做出科学的、准确的判断。怎么判断？就要学习，要多看。毕竟油画在中国是一个新的东西，虽然有 100 年的历史了，但其发展也就是近几十年的事，和在欧洲发展的 500 年历史无法相比。所以要收藏油画必须要学习研究油画的好坏。这跟风格没有关系，风格是平等的。收藏者喜欢这种风格，喜欢那种风格，都是正常的，但是所有的风格都有好的作品、不好的作品，这就需要去研究和学习了。

改革开放 40 多年了，由于经济的发展，喜欢现当代油画的人也多了，所以油画市场逐渐发展起来。嘉德拍卖是油画市场上的一支重要力量，要获得更长远的发展，第一要重视艺术品真伪鉴定的问题，其次要重视艺术品价值判断的问题。因为我们国家发展太快，文化艺术也随之发展得非常快，快了以后，判断它的价值就有点困难。是新的东西好，还是老的东西好？新的东西哪些是好的，哪些是不好的？这都是需要研究思考的，也是文化修养的问题。

这么多年来，陈东升不仅创办了嘉德、泰康等多家企业，还热心于收藏 20 世纪以来的中国现当代油画，泰康保险集团的收藏在社会上产生了良好的引领作用。希望他对艺术品的价值判断，特别是对当代的新艺术的判断，有更多深入研究和思考，为中国艺术品的市场发展、学术研究做出更多贡献。

推荐序二

中国文物学会会长
故宫博物院前院长

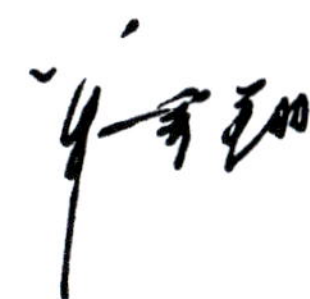

东升先生是我的老朋友，当年我被任命为北京市文物局局长时，他创办的中国嘉德刚进入文化艺术市场不久，那时候拍卖行业方兴未艾，特别是文物拍卖市场一度成了社会文化发展的热点之一。但在拍卖会的阵阵槌声中，人们众说纷纭，评价也褒贬不一，为此，1995 年 11 月我在《人民日报》上发表了《文物拍卖与文物保护》一文，对文物拍卖活动的利与弊及其对文物保护事业带来的影响进行分析，表达对这件新事物的支持。我很欣慰地看到，多年后随着拍卖行业的不断发展壮大，我当年在文中提到的文物拍卖有利于吸纳保护民间珍贵文物、有利于海外文物回流等积极促进作用在持续地显现。

在为国家级的收藏机构增添珍贵文物方面，中国嘉德和东升先生做出了很大的贡献，发挥了非常重要和积极的作用，多年来，不少国宝级的珍贵文物，如“翁氏藏书”、《出师颂》等，得以重新收回国家。故宫博物院三次从中国嘉德购得珍贵文物:《高呼与可》《出师颂》，以及《春雨帖》《佳雪帖》《新祺帖》等书法五卷。其中，在我担任故宫博物院院长期间，非常有幸见证了《出师颂》原书与题跋重缀合璧。我至今仍清楚地记得，2013 年 9 月 29 日下午，当东升先生和陆忠父子一起把《出师颂》题跋交到我手中时，我那久久难以平复的激动心情。《出师颂》是我国现存最早的书法孤品隋人书，书法艺术价值极高，是首屈一指的传世珍品，于 2003 年回归故宫。但令人遗憾的是，《出师颂》的附件——元代张达善的题跋一直缺失，张达善手书题跋内容是对《出师颂》文字、历史背景和作者的考证，为海内存世孤品。中国嘉德斥巨资购买这件珍贵文物捐给故宫博物院，使分离已久的国宝重聚，是一件永远值得纪念的盛事义举。

作为一家有文化传统的拍卖行，中国嘉德在创办伊始就率先建立了鉴定委员会，体现出对文化的尊重和对文物的珍视，当时邀请的专家委员，包括徐邦达、启功、刘九庵、耿宝昌、王世襄等老先生，很多也是故宫博物院的资深专家顾问。

故宫博物院是收藏中国珍贵文物最丰富的博物馆，创造条件把更多的文物藏品向公众展示，是这些年来我们一直努力探索的方向。2019 年，由故宫博物院和嘉德艺术中心联合主办的“故宫博物院藏宫廷器座展”在与故宫遥遥相望的嘉德新总部举办，是故宫器座类文物藏品首次整体出院展览，展出了 132 件/套明清器物底座及相关文物。在嘉德艺术中心充满设计感的新建筑里，现代与传统碰撞、融合，传递给观众耳目一新的体验和感受，是一次有益的尝试。希望国家馆藏与民间精品艺术未来可以开展各种不同形式的对话，让文化艺术融入社会生活，让更多的公众，特别是年轻人，关注和走近传统文化。

城市文化与城市历史一脉相承，历史积淀和文化交流赋予城市特殊的气质和文化底蕴，有特色的城市建筑承载、延续着城市的传统与文化。中国嘉德新的总部大楼坐落在北京文化的聚集地，毗邻故宫博物院、中国美术馆、五四运动纪念馆、首都剧场、中华书局，建筑理念融合了中国古代文化与现代设计元素，非常创新又独具特色，让北京城市文化的脉络向新的边际伸展，充满了想象与活力。

东升先生不但是一位非常成功的企业家，而且多年来一直关心、支持文化、艺术和博物馆事业的发展。2011 年 6 月我到武汉大学座谈文化遗产保护学科建设时，校领导高兴地告诉我，东升先生将个人捐赠 1 亿元，为武汉大学建设一座博物馆。如今万林艺术博物馆已经开馆多年，同时东升先生还捐赠了价值 3 000 万元的艺术品以丰富馆藏，使这座博物馆在校园内外发挥出传承、传播文化艺术的重要功能，成为高校博物馆建设的典范。

东升先生曾说:“目标纯正、心无旁骛，做正确的事，时间就是答案。”他是这样说的，也是这样做的。中国嘉德在创建以来的 20 多年里，已经给出了正确的答案。衷心希望中国嘉德和泰康集团在东升先生的带领下，不断为弘扬保护传统文化、传播社会正能量贡献更多的力量！

自 序

2013年，在嘉德成立20周年之际，我写下了《一槌定音：我与嘉德二十年》，介绍了嘉德创立、发展、创新的历程。过去20多年来，中国艺术品市场从无到有，从小到大，嘉德也通过摸着石头过河，在做中学，逐渐探索出了一条独具特色的拍卖之路。作为中国拍卖行业的拓荒者和中国最早一批建立的股份制企业，嘉德的创立与成长，推动了中国艺术品市场和中国拍卖行业的发展，也是改革开放40多年来中国现代企业成长和经济发展的一个缩影。

回首过往，我有幸见证和参与了中国艺术品市场和拍卖行业发展历史上的重要时点。当年初创的各种往事仍历历在目，近年来一幕幕珍贵的片段也深深地印刻在我的脑海中，每每想起都激动不已，感慨万分。

2017年，嘉德艺术中心落成。我认为这是嘉德献给这个伟大的时代、献给北京这座伟大城市的一件礼物，也是献给所有参与、推进中国艺术品市场繁荣发展的人的作品。现在这里是嘉德的新总部大楼，不仅能举办每年的拍卖会，还能开展多样的展览活动。嘉德教育、文库出版、艺术博览会等多个创新平台，通过丰富的公共文化教育活动，传播艺术之美，弘扬传统文化。

嘉德成立25周年庆典时，我们说2018年是嘉德的“成长·元年”。这意味着嘉德将继续秉承对艺术的真诚与信仰，以更青春的气息、更创新的理念、更精细的服务、更专业的水准，勾勒出新的成长轨迹，开辟出创造无限的新天地。

我下海创办的第一家企业是嘉德，那时候我知道在国际上，索斯比（现称苏富比）和佳士得两家拍卖行最好，就立志要做中国的“索斯比”。1996年，我又创办了泰康。有意思的是，2016年泰康成为苏富比的第一大股东。虽然2019年苏富比私有化退市，但在这个过程中，与世界上最古老拍卖行的互动，为我们了解西方艺术品市场和海外资本市场提供了一个很好的契机。我始终看好中国的艺术品市场，坚信有朝一日它定会和西方的艺术品市场齐头并进。

拍卖让我重新认识了中华文明与我国的传统文化，回馈艺术、支持和推动中国艺术的繁荣与发展，我责无旁贷。新中国成立70周年之时，我们策划了一个展览叫“中国风景”，把泰康收藏的1949年以来的中国现当代艺术精品呈现给大家。我的理想是打造中国的MoMA（纽约现代艺术博物馆），这次收藏展既把珍藏的艺术品分享给了全社会品鉴欣赏，也为泰康美术馆的落地做了一次预热。

刚进入拍卖行业的时候，我就知道乾隆皇帝最得意的“三希”，其中的两件《中秋帖》和《伯远帖》回归祖国都跟郑振铎先生有关。没想到，当年秘密收购文物的相关文件、收据、信件，流传下来，70年后才得以重见天日。2019年12月26日，嘉德将“郑振铎等抢救流散香港文物往来信札”捐献给国家文物局，并入藏国家图书馆。我为嘉德参与促成这段历史的大结局而感到骄傲。

当我们满怀喜悦，准备昂首迈入21世纪第三个十年的时候，一场突如其来的新冠肺炎疫情让2020年变得非同寻常。嘉德在线上开展的各种展陈、讲座、课程，为在家的人们提供了艺术的滋养；每月举办的网络拍卖会为沉寂的市场增添了生机与活力；携手东润公益基金会举行的网络公益拍卖，为勇敢逆行的白衣天使及其家人献上了诚挚的关爱与帮助。我们经历了沉重的至暗时刻，但人性的光辉和人间的大爱让我们坚信疫情终将过去，我们对生命的尊重、关爱与礼赞定会战胜一切阴霾，美好的未来也定会如期而至。

艺术拥有超越时空的魅力，治愈并启迪心灵的力量。因此，当得知中信出版社有意将《一槌定音》再版，我欣然应允。

这个伟大的时代，我心怀感恩，愿你越来越好！

积蓄

徐冰《毛主席语录・在延安文艺座谈会上的讲话》（新英文书法）
2001 年，纸本水墨（四联），227.5 cm × 70 cm × 4，泰康收藏

大学时代

高考

1977 年国内恢复高考，上大学成了知识青年的梦想。77 届、78 届的大学生原来基本都是社会青年，到 1979 年我上学时，也还有一半的大学生是社会青年。我也算是社会青年考上大学的，之前当了四年工人。

我中学毕业时赶上知识青年上山下乡，通过父亲的介绍，我到天门县（现天门市）科委下属的微生物研究所当了农工，算是下乡了。那时我一心想上大学，所以去之前我就问在研究所工作有没有机会上大学，不能上大学的话我是不去的。他们说研究所每年有一两个工农兵大学生名额，所以我就去了。那个研究所在一个镇子边上，很漂亮的建筑掩映在树林和棉田里，研究所里有图书室、实验室，挺好的。研究所不大，大概有二三十人，一半都是大学生，大都是学农的、学植物保护的、学微生物的，华中农学院的最多，也有武汉大学病毒系的。对我影响最大的是一位叫陈其武的技术员，他是从北京农学院来的，很开朗，我最早知道“四人帮”就是因为他同学从北京写给他的信里说到了。改革开放

上大学前，作者在自己的书房里读书、思考

后，研究所的这些人要么考了研究生，要么就被大学聘去当讲师、教授，他们都对我影响挺大。在微生物研究所当工人的四年，我自学了无机化学、有机化学、微生物学。

1977 年我也参加了高考，但最后因为一些原因没被录取。1979 年我考上了武汉大学。我的街坊有位上年纪的老师告诉我，武汉大学好得很，两个人住一间房，早饭有豆浆和油条。我听了特别高兴，去了一看，8 个人一间房，原来他说的是 20 世纪 30 年代国立武汉大学时期的状况。第一次高考的时候，我想上吉林大学考古系，1979 年考武汉大学正赶上改革开放，我朦朦胧胧知道经济建设是国家未来的潮流，就选了经济学，那时叫政治经济学。我要选择考古学，就没有今天的陈东升了，不过也很难说。没读考古而读了经济，也许是命中注定。

大学四年

武汉大学的四年给我留下很多美好的东西。第十一届三中全会后实行改革开放，武汉大学任命的校长叫刘道玉，是高等教育改革的先锋。他 1981 年被任命为武汉大学校长时 48 岁，是新中国培养的第一个大学校长，在武汉大学做了很多教学改革。

刘道玉向西方大胆学习的改革措施包括开设选修课、实行学分制和

1999 年，作者在武汉大学博士毕业时，与恩师董辅礽（右）在校园合影

插班生制度。我记得特别清楚，那时候有北京大学、中国科学技术大学的学生转到武汉大学，校长特别骄傲。我到哲学系选课，也是受益者。那时候，武汉大学的学生很活跃。当时有个全国大学生刊物叫《这一代》，是由武汉大学发起，十几所大学的中文系和文学社团在北京开会共同创办的，第一次的编辑权给了武汉大学“珞珈山”编辑部。该刊物一上来就针砭时弊，因为太激进，很快就停刊了。

我喜欢读书，上中学时就坚持读《参考消息》，高中时读了《马克思传》。先读了五章，一点也记不得弄不懂，怀着对革命导师的无限崇拜，坚持从头又读，做读书笔记，花了整整半年才啃下来。可以说《马克思传》彻底改变了我的人生，也让我咀嚼了哲学社会科学。上高中时我订阅过很多刊物，像上海的《自然辩证法》杂志、中国科学院办的《古脊椎动物与古人类》杂志。后者不完全是讲考古方面的知识，也研究人类起源、东非大裂谷、几百万年前的肯尼亚人头盖骨等。记得当年英国有个很著名的漂亮的生物学女博士，人称珍妮小姐，她一辈子观察研究黑猩猩，致力于保护野生动物。总之，我兴趣很广，喜欢涉猎自然科学、社会科学。当时学术思想在刚刚恢复的大学中非常活跃，武汉大学也是，搞百科知识竞赛，我入学不到两年参加竞赛就拿了奖。能够拿奖的低年级学生凤毛麟角，于是我就出了名。到高年级，我参加学校的演讲比赛，讲“贝尔的后工业社会”，拿了二等奖。学校活跃的大环境影响着每一个人，我自己也搞了一个学习小组，起名叫“蟾蜍社”。蟾蜍是月宫里的癞蛤蟆，象征一种美好的向往，我觉得年轻人就是要有这种做不到的事也一定要去做的志气。

当时西方思潮传播到中国，存在主义、科学哲学、美术史流派等思潮都传进来，是个思想非常活跃的时代。那时是科学的春天，倡导科学技术就是生产力，自然科学很吃香。我参与了一个学生组织叫“多学科讨论会”，主要人员是哲学系、数学系、物理系、生物系、中文系、图书馆学系和经济系的学生，我后来还当了副主席。经过“文革”之后，改革开放之初爆发的追求知识、追求真理的社会渴望是很动人的，那样一种朝气，现在的人们难以想象。我们学生那时没有报纸看，都是每天去吃饭、打水的时候路过邮局门口，在报栏里看报纸。我印象最深的是《光明日报》用两整版刊登徐迟的《哥德巴赫猜想》，写数学家陈景润的故事，这是对我影响很大的一篇报告文学。另外，对我影响很大的还有雷祯孝在《光明日报》写的整版人才通论。还有像温元凯这些科技大学年轻的老师，他们学自然科学，思想很活跃，当时对年轻人产生过很大影响。

大学一、二年级，我把政治经济学读完了。马克思的经济学很抽象，挺难懂，《资本论》我也读不通，合上书又都还给老师了。我对历史很感兴趣，三年级学了政治经济学学说史，学完回来再读《资本论》就全弄通了。那个时候的武汉大学经济学系还不是学院，没有开设西方系统的宏观经济学和微观经济学课程，但系里有一批很强的老人，系主任吴纪先是哈佛大学博士，教授谭崇台是哈佛大学硕士，刘涤源在哈佛大学专攻西方经济理论，李崇淮是耶鲁大学经济学硕士，傅殷才是从苏联莫斯科大学经济系留学回来的。刘涤源讲凯恩斯主义，谭崇台讲发展经济学，傅殷才讲制度经济学。通过这些老先生的言传身教，我们学习了很多西方经济学流派的思想和知识。我印象很深的老师还有曾启贤，是个尖嗓子湖南人，智商很高，很有思想，可惜去世得很早。还有郭吴新、汤在新、刘光杰，他们都对我有很大影响。这样四年下来，我在西方经济学理论方面，如西方经济学说史、政治经济学、西方经济学流派等学科打下了很好的功底，养成了思考的习惯，理论训练很扎实，对理论的兴趣与思考一直保持到今天。

恰同学少年，风华正茂。20世纪80年代初，作者与同学殷明德（右）、毛振华（左）摄于武汉大学樱园

武汉大学有光荣的历史，经济系又有这么多从美国、苏联留学回来的教授，加上我从初中、高中就崇尚自然科学、社会科学，这些因素让我从上大学起就把学术看得很神圣。大学期间，几乎所有著名教授的家里我都跑遍了，我也不知道我的力量来自哪里，也许是心中渴望能够成为大知识分子吧。一个本科生，几乎一到星期六、星期天就跑到这些著名教授家里去，请教问题，请他们辅导，也被这些大教授的风范影响。那时候我在班上有四五个“跟屁虫”，他们年龄比我小，都是1962年、1963年出生的。他们听我讲，然后跟我讨论。有时候我们五六个人要走五六公里路程到磨山，一路讨论各种问题。我给我们取名叫“逍遥学派”，实际上我那时候梦想建一个“珞珈学派”。

武汉大学是全国风景最好的大学之一，依山傍水，校内有珞珈山，旁边就是东湖。那个时候一周只有星期天休息，星期六还上课，有的同学星期天喜欢睡懒觉，我喜欢跟别人分享好东西，星期天一般都带着来找我的同学、亲戚朋友在武汉大学到处看，看风景，爬山，到山顶上看武汉大学的全景。我喜欢观察东湖，有时候晚上跟同学们去东湖玩，游泳。有一次考完试觉得特别放松，那天正好是阴历十五，有大月亮，我去了东湖。月光在湖中荡漾，沉落到深洞的湖底，很深很深，如幽灵一般；也仿如米隆的《掷铁饼者》把铁饼甩到了东湖里，甩出一片银光，显得特别深远，自己恨不得能化身成一条鱼，跳进东湖去追逐。薄雾笼罩时，东湖像轻纱被吹拂；有时又极像一个秀美的女人，乖巧得一动不动。但是它也有脾气，偶尔要发一发。冬天寒潮来的时候，湖面刮起五六级的大北风，白浪滔天，浪高的时候有一两米。我不仅跟东湖对话，时间长了，还感觉我跟武汉大学的山水已经融为一体。

刚刚改革开放时，武汉大学学生不多，在校学生只有三四千人，经济系也就不到三百名学生，那时校内没有太多建筑，我喜欢去一些没什么人去的地方。那里到处是荆棘、茅草、小树，很荒凉，很原始。我常去一个很小的水塘，水塘四周的绿色植物长得满满的，很是神秘，我管这里叫武汉大学的尼斯湖。大学山顶上有一个自来水厂，从山上下来一条水沟一直通到东湖。跨过水沟是一大片树林，平时没人进去，于是我就进去看看。一进去，发现一片开阔的茅草地，像是没有人去过，于是这里成了我们的伊甸园。我叫上班里三四个同学去打滚，把茅草压平。那是冬天快期末考试的时候，武汉的冬天一刮风就很冷，但只要风一停，天一晴，我们就在茅草地里晒太阳，懒洋洋的，静下来听小鸟的鸣叫、流水的声音，好像能听到大地的呼吸声，就像在母亲的怀抱里，听到母亲的心跳，挺怡情。当时我觉得人生最美妙的事莫过于在武汉大学当一个教授，我的理想也很简单，有个大的皮划艇，和自己心爱的人，和志同道合的人，一起荡漾在湖中，纵论学术与人生。“天人合一，质朴而浪漫”是我在武汉大学的四年最真实的写照，这样的环境自然也让我对母校产生了深深的感情，从毕业到现在，我依旧在心里跟武汉大学的一草一木对话。

要跟时代走

1978 年，党的十一届三中全会开启了改革开放的历史新时期，中国特色社会主义道路以这次会议为起点。

从我上大学到 1983 年毕业去经贸部国际贸易研究所工作，正赶上改革开放拉开序幕的那几年。中国整个经济体制改革的序幕是从农村拉开的，1978 年到 1980 年这三年的中央一号文件都是关于农村改革。农村实行家庭联产承包责任制，以调动农民的积极性。当年中共中央农村研究室出了四个年轻人——翁永曦、王岐山、朱嘉明、黄江南，并称“改革四君子”。农村改革开展起来以后，中国紧接着就进入城市改革进程。1984 年莫干山会议召开，年轻人崛起，形成了一个“中青年”大群体。

田源

农村和城市的改革开展起来后，北京的经济圈学界氛围很活跃，以田源、卢健为代表的武汉大学毕业生是活跃力量中的一支。田源是国务院发展中心年轻的学者和局长，30 岁出头就是价格组组长，国务院发展中心党组成员、常务干事，相当于部长助理的级别。卢健当时是中央财经领导小组办公室的处长，经常可以见到中央领导。田源和卢健是武汉大学在经济改革领域，特别是中青年群体里有影响力的人物，成了武汉大学的旗帜，团结了很多人，一批批同学都往他们这里聚，由他们给推荐工作，也得到了很多帮助。我思想活跃，活动能力强，来北京后很快成为武汉大学经济系毕业生在北京圈里的重要一员，和田源、卢健结下很深的缘分。

卢健

我在经贸所搞国际贸易研究，属于世界经济和国际贸易对外开放领域，当时这一领域的机构还有社科院世界经济研究所、苏东研究所、拉美研究所，以及对外经济贸易大学、安全部的现代国际关系研究所、中国银行的国际金融研究所。搞世界经济和国际贸易的人是很大一个圈子，当时成立了中青年学会，我是常务理事，还是对外开放改革理事会常务理事，那几年我也写了很多文章。

20 世纪 80 年代思想活跃，有很多刊物和报纸成了年轻的活跃分子的思想阵地，影响很大。1984 年胡耀邦总书记要整顿党风，中央派出很多整党工作指导小组到各个省，胡德平作为中央整党指导工作委员会的特派员到了湖北省。胡德平思想很活跃，把武汉一帮年轻人聚到身边，这些人基本上都是我在武汉大学的同学和校友。他们办了一个刊物叫

《青年论坛》1984年创刊号封面

《青年论坛》，涵盖政治、经济、哲学、历史等领域，是一个综合性学术刊物，成为当时的一面旗帜。社长叫王一鸣，是我的同班同学，总编辑叫李明华，毕业于武汉大学哲学系。《青年论坛》的崛起影响很大，首发刊登了胡德平写的文章《为自由鸣炮》，后来被《人民日报》转载。我是《青年论坛》驻北京记者站站长，站里还有胡平、高伐林、季思聪等。胡平当年写了《论言论自由》。他是恢复高考后的第一届北大哲学系研究生，胡耀邦主政的时候他和北大物理系的本科生王军涛选上了海淀区人大代表。那个时候改革开放的思想阵地还有北京的《经济学周报》和上海的《世界经济导报》，二者影响很大，这些有思想的人都在这里发表文章，我也曾在《世界经济导报》发了整版文章。

《史记》中说："顺之者昌，逆之者不死则亡。"意思是人要顺应天道，不违背自然规律，才能健康成长。社会生活又何尝不是如此，孙中山先生以"世界潮流，浩浩荡荡，顺之则昌，逆之则亡"为自己的座右铭，推行民主政治也强调"内审中国之情势，外察世界之潮流"。20世纪80年代以来，改革开放的创业大潮不仅催人奋进，更不可阻挡，它推动历史向前的声势恢宏浩大，顺势而为、积极做

人民日報

RENMIN RIBAO

赵紫阳会见特拉奥雷时说

中国发展要靠努力奋斗长期打算

前进中多次出现问题主要是因为操之过急

我评出百家最大工业企业

大型企业在国民经济中发挥极为重要作用

大庆、鞍钢、武钢、上海石化和燕山石化列前五名

国务院领导同志听取建行工作会议汇报后指出

银行信贷主要支持重点建设

李鹏同特拉奥雷举行会谈

中国主张债务国和债权国通过协商解决问题

"菜篮子"工程

北京判处一批严重经济罪犯

两个海关干部被分别处以死缓和10年徒刑

洛阳加强商品检验

山西化肥实行限价

布什总统二月下旬访华

白宫发言人正式宣布

巴基斯坦总理将访华

苏泰外长即将来访

心中有个大写的"人"字

——记西安铁路分局局长巩德顺

外交部发言人谈柬埔寨问题

管理世界 杂志社

新闻稿

管理世界 杂志社

作者亲自撰写的《人民日报》头版头条新闻《我评出百家最大工业企业》，及其手稿

事的人就可能成功，逆势而为、反其道行之的人则必然被这个潮流淹没和吞噬。我从学经济到办企业，参与国内改革开放的经济建设，也是顺应时代潮流。

在《管理世界》杂志

《管理世界》杂志是20世纪80年代活跃的中青年群体的创意产物。当时李克穆和卢健他们一边喝啤酒一边聊天，产生了一个想法：办一个关于宏观管理和宏观经济的刊物，取名叫《管理世界》。管理是指社会管理、国家管理、宏观管理，所以当时刊物的英文名称没有用"manage"，而是用了指社会管理的"administrative"。这个刊物也有很多传奇故事，如果现在有人写一写，会很有意思。

《管理世界》1989年5月刊封面

当时大家拿了5 000元钱来办这本杂志，这些活跃的年轻人虽然官职不高，但工作的起点高。"管理世界"四个字是陈云题的。然后他们找到当年《经济日报》的总编辑安岗，把《管理世界》挂在《经济日报》

下面，定为副局级。《管理世界》的办公室就在《经济日报》的地下室，最初这里只有几个人，总编辑何绍华是轻工学院的讲师，副总编辑是刘连增，后来去美国留学，病故在那里。

等安岗退休后，他们又找到马洪和孙尚清同志，把《管理世界》挂到国务院发展研究中心，还是副局级。第一任总编辑何绍华找机会去当了康华西部公司总经理，他走后谁来当总编辑呢？正好薛暮桥的秘书李克穆从香港回来，他是处级干部，就由他来当总编辑，升为局级干部。李克穆招兵买马，想要一个学术功底好，能把杂志办好的人，他们都推荐我，这样我就成了《管理世界》的副总编辑。

李克穆

他们本想让我来搞学术，但是没想到我的学术才能还没来得及展示，商业才能就发挥了出来。在李克穆的全力支持下，我和方宇办了“中国500家最大企业”评比活动，结果这个评比在当时太火，一发不可收拾，杂志社因此赚了很多钱。当时“国际惯例”这个词非常流行。我们按照国际惯例评出中国500家大企业，企业评价的国际惯例是什么？就是按销售额排名。

由于“中国500家最大企业”评比的成功，《管理世界》杂志在社会经济界名声大振。接着为庆祝中华人民共和国成立40周年，我又策划了一个500家大企业的成就展，后来定名为“中国工业四十年大型企业发展成就展”。为了展览招商，我到处跑，去过很多省份，我来主讲，企业来报名。在辽宁我们就招到四十几家企业参展，开设了一个辽宁专区。新中国成立40周年要展示工业力量，我们举办这个活动得到了国务院发展研究中心的批准，尽管扛着国家的牌子，我们也发挥了自己的想象力和组织能力。

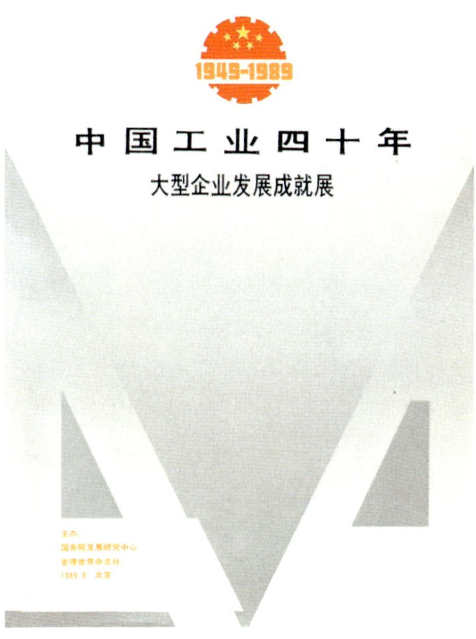

“中国工业四十年大型企业发展成就展”宣传册

展览中每个标准摊位的面积都是12平方米，摊位费4 800元，一页广告4 800元。由于遇到了政治风波，对于展览是否还要办下去，杂志社领导层争论不休，有人是坚决反对办下去的，但我们已经收了几十万元。李克穆是领导，最后他下定决心，要把展览办下去。到中华人民共和国成立40周年的时候，中央没组织什么大的庆祝活动，我们的展览就成了重要的活动，当时的中共中央政治局常委及其他领导几乎全来参观了。

沈尧伊《革命理想高于天》(局部)
1976年，布面油画，
185 cm×375 cm，泰康收藏

决心下海

1991 年苏联和东欧的政治体制转变后导致社会巨变，《参考消息》上有很多的报道，苏联和东欧的前官员境况发生巨大变化，对国内很多人影响很大。就在这时，1992 年邓小平到南方视察，在改革春风的激发和激励下，很多人义无反顾下定决心要从商。

那时中南海附近的 22 号院里面机关很多，有国家体改委、国务院发展研究中心、法制局、国务院特区办，最重要的单位是体改委和国务院发展研究中心。体改委是政府部门，搞改革；国务院发展研究中心搞研究，这两个机关一唱一和，是中央改革的智囊，起了很重要的作用。田源在 22 号院里办公，我在管理世界杂志社，办公不在这里。

有一天傍晚下班，田源、卢健，还有我三个人就站在 22 号院门口聊天。田源面临的选择是，去留学还是到物资部当国家公司的总经理，我和卢健劝他坚决不要去留学，去当总经理，还开玩笑说我们也可以去当副总一起干。虽然说得他心花怒放，但后来他还是去留学了。这是一次很重要的谈话，我们三个人站在 22 号院门口，不吃不喝从傍晚聊到凌晨一点多才散伙，各自骑自行车回家了。

嘉德初期创业团队成员，1996 年秋在香山（左起：寇勤、作者、王雁南、甘学军）

时代在变，人们的价值观也在变。1990 年以前的社会主流价值观对下海经商还是抱着不齿的态度，大家都支持鼓励别人下海，自己却不下海。最早人们认为下海的都是混不下去、没办法、走投无路的人，或者犯了错误的人，再晚一点又认为是本事不大的人，但到了 1992 年，下海的就都是体制内或社会上的精英分子了。

中国为什么落后，中国为什么不如别人，这是 20 世纪 80 年代所有人思考的问题。我有一个校友叫李晓明，是哲学系的，也是军人，他父亲是华南师范大学的党委书记。他很活跃，1986 年春，他以《青年论坛》的名义在广州召开了一个全国理论工作会议，邀请我参加。参加会议的人大部分是搞社会科学、哲学的，搞经济学的人很少。大家讨论中国为什么落后，为什么穷，有的人讲因为闭关自守，有的人讲因为传统文化，有的人谈到柏杨《丑陋的中国人》里讲的中国人的劣根性等，总之一大套。我当时说了一句话，很简单：当每个中国人都想发财的时候这个问题就解决了；每个人都想发财的时候，这个国家不用你们说这么多，就有希望了。“每个人都想发财”这样一个假设在 1986 年是不可想象的，我自己也觉得不可能，但是到 1992 年就变成现实了，大家都要下海。

1989 年以后就有人下海，到 1992 年“两个文件”（《有限责任公司规范意见》和《股份有限公司规范意见》）发表，中国真正持续、大规模的下海开始了，很多企业都是在这前后创立发展起来的。柳传志说，邓小平的两次南方视察，第一次诞生了联想，第二次诞生了“92派”这批企业家。邓小平第一次视察南方是在1984年左右，广东改革，很多科技人员下海，乡镇企业发展起来。到1986年、1988年实行国有企业改革，主要搞承包制。那个时候活跃的主要是国有企业的人，像二汽的陈清泰、鞍钢的李华忠、燕山石化的刘海燕等，当时的国家经委每年评选的十大企业家全都来自国有企业。柳传志创办的这种中关村民营科技企业和乡镇企业那时候刚发展起来，真正的下海大潮发生在1992年。

在中国，很多事情发生时总像潮水一样涌现，从1977年到现在出现了四个浪潮。第一个浪潮是高考潮，1977年恢复高考，只要是适龄青年，机会均等，都有考上大学的可能，大家都去考。第二个浪潮是留学潮，人们都千方百计地去留学。第三个浪潮是下海潮，“92派”下海规模最大，几十万人下海，事业最持久，影响最大，是中国企业家之大成派。留学和下海的浪潮是交织的。再就是现在的公务员潮。改革开放，最开始实行计划经济，后来叫计划的商品经济，再后来是计划为主的商品经济、计划和商品经济并行，最后就是社会主义市场经济，这种思想的演变挺艰难的。

我那时刚在《管理世界》做完500家大企业评选，见识了民族企业这一番新天地，更发现国内大企业跟世界大企业间的巨大差距。从小受到毛泽东“自立于世界民族之林”气概的教育，我觉得只有有了民族的大企业才可以使我们自立于世界民族之林，所以决心下海开创一片新天地。从评选国内500家大企业，到创办一个能进入世界500强的大企业，创办嘉德是我迈出的第一步。

两个文件

1992 年是中国社会的巨大转折点,《有限责任公司规范意见》和《股份有限公司规范意见》两个文件颁布后，当时的《人民日报》《经济日报》《光明日报》都整版刊登。但是时至今日一直没有人采访过这两个文件起草的前因后果和过程。文件是谁起草的我不知道，我只知道是国家体改委颁布的，那时候体改委里有一个企业司。第二年出台《公司法》，1996 年出台《合同法》保护契约，后来又有《物权法》保护财产，这些法律与《宪法》里关于公民私有财产保护的条文一起，逐步完善了对私有产权的保护。

我们在大学里就知道马克思在《资本论》里对股份制的形式大加赞赏，说它能够聚集社会力量和资本，产生巨大的效率和作用。1992 年的两个文件一出来，我就知道机会来了。我拿着报纸天天看，“分离”“合并”“董事会”“股东”这些，我一点一点地学，一点一点地琢磨和理解。我创办嘉德的合同书、章程全是按照两个文件的条文自己独立写出来的。我又拿着报纸到文化部、人民银行跟他们宣传这些，讲马克思关于股份制的思想和观点，把“老祖宗”搬出来说服这些体制内的官员。

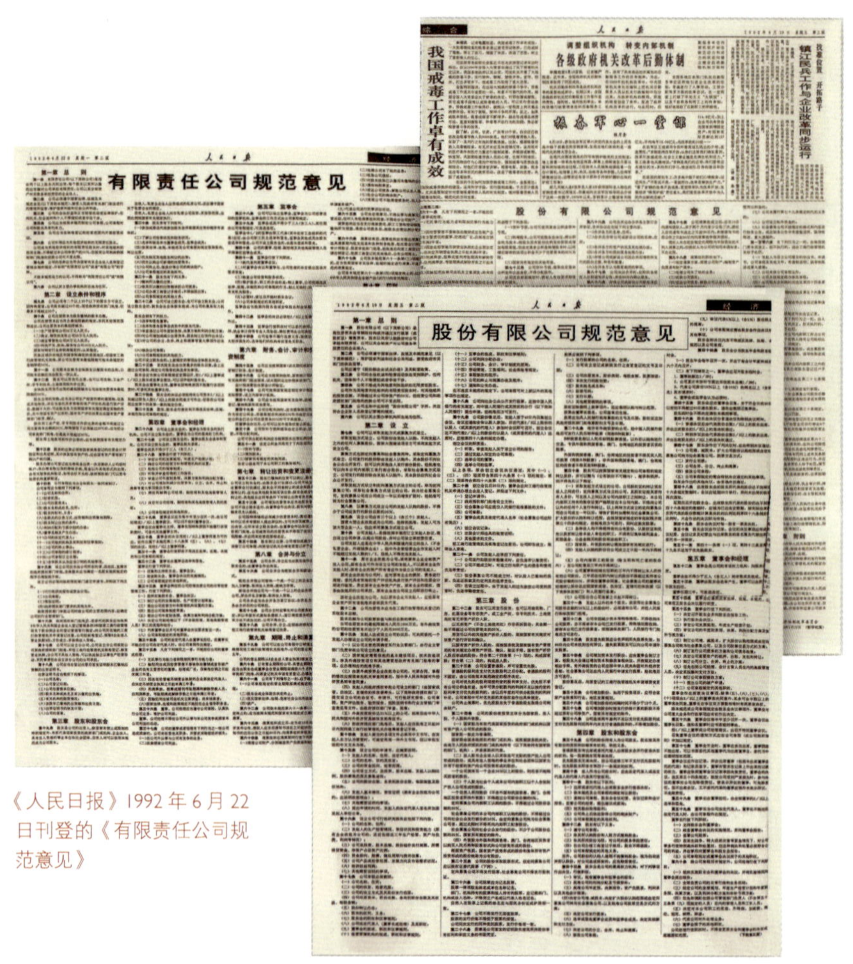

有限责任公司规范意见

我国戒毒工作卓有成效

各级政府机关改革后勤体制

镇江民兵工作与企业改革同步运行

股份有限公司规范意见

《人民日报》1992 年 6 月 22 日刊登的《有限责任公司规范意见》

《人民日报》1992 年 6 月 19 日刊登的《股份有限公司规范意见》

后来我要办保险公司时，人民银行保险处的处长说："办保险公司好啊，我支持你。你回去跟北京市财政局、北京市人民保险公司打一个联合报告来，我一定批。"这还是搞公有制公司的套路。一般人听了就放弃了，而我没放弃，再去游说他们，说要搞股份制保险公司，让他们看这两份国家的文件，股东我负责去找。这些事儿今天讲起来像故事一样，而当年是多不简单啊。在 20 世纪 90 年代这几个因素的催化下，那批有干劲儿的中青年，还有一些机关干部在 1992 年都跑到海南，催生了下海浪潮。海南于 1987 年建省，当年大家都讲一个笑话，说海南的椰子掉下来砸死了一个董事长，砸晕了三个总经理，嘲笑当时的海南人人都是老板，皮包公司满天飞。

1992 年这两个文件的颁布具有极其重大的历史意义。在这之前，中国的企业类型只有国有企业、集体所有制企业、乡镇企业，私人性质的就只有个体户和外资企业。这两个文件开启了自由创业的时代，人们有了创业的想法可以白手起家，筹措资本开办企业，国内迎来了真正的创业时代。因为这两个文件，中国有了现代企业，所以 1992 年成了中国现代企业的元年，有了我们“92 派”。大规模的体制内精英放下铁饭碗、金饭碗去创业，形成了中国最大的一波下海浪潮和创业浪潮，造就了今天中国很多骨干企业的领军人物，为中华民族的经济发展和社会繁荣做出了很大贡献。

嘉德就是“92 派”下海创办的企业的一个典型代表。我常说一句俏皮话：一个好的 idea（想法）就是一个伟大的精子，可以创造一个伟大的生命。当时我就是有了这样一个想法，去游说，去筹资，去盖章，才有了泰康今天这样一个活生生的、有 80 万员工和代理人、一年给国家交税近 100 亿元、管理 2 万亿元资产、服务超 3 亿客户的大型金融保险企业。这就是企业家的作用，也是企业家对社会的贡献。

初创

凡・高《向日葵》
1888 年，布面油画，100.5 cm × 76.5 cm

对拍卖的初始印象

20 世纪 80 年代，我们这些有志青年都是时时关心国际国内政治经济大事的，但是获得信息的途径非常有限，只能看中央电视台的《新闻联播》和读《参考消息》。我在经贸部做研究，每天可以看到新华社的上、下午两本大参考。由于有图像的原因，那时我每天必看中央电视台的《新闻联播》，它最后五到八分钟的国际新闻是那时大部分年轻人了解国际时事的唯一窗口。80 年代末期，在《新闻联播》最后五分钟的国际新闻里常能看到拍卖现场的画面，我对此印象非常深刻，一辈子都忘不了。有一次新闻里说：伦敦克里斯蒂拍卖行拍卖印象派大师凡・高的《向日葵》拍出了天价，这幅画被一个神秘的买家在电话里买走，听说这个买家来自日本。电视里出现了伦敦克里斯蒂拍卖行的画面：在一栋古老的建筑里面，地方小小的，一个 50 岁开外的长者文质彬彬，打着领结，站在高高的拍卖台上，指点江山，俯视着拍卖大厅里坐着的雍容华贵的男男女女。西方上流社会的一种高雅游戏是那么的遥远，那么的神秘，那么的高贵，那么的典雅，对于像中国这样一个还没有摆脱贫困的国家、一个经济落后的国家来说，那样的画面情境反差太大，相离甚远，我觉得它跟我们可能永远都没有关系。但就是因为这样太过强烈的对比敲开了一个年轻人的超级好奇心，一种原始的冲动埋藏在了我心里。

20 世纪 70 年代末，我从一个小县城里走出来，读名牌大学，到中央机关工作，从来没见识和体验过西方社会，从来不了解所谓财富的概念，觉得电视里的拍卖画面离我的人生无限遥远，只是神秘、高贵、刺激、令人欣赏，仅此而已。但反差越大，刺激越深，我脑子里的印象越深刻。拍卖中的那幅画是被日本安田火灾海上保险公司购买的，人们络绎不绝地去参观。我后来到台湾，见到台湾经济日报社的社长，他们做了一个凡・高的展览，要去借这幅画，但没借来。因为日本经济的泡沫破灭后，这幅画被抵押出去，不能出借。这幅画也完整地演绎了一个保险公司的传奇故事。

南城路灯下

我在国务院发展中心的《管理世界》做副总编辑的时候，由于校友的关系，跟文化部常有联系与沟通。文化部有很多资源，我们希望把它用起来，就策划在管理世界杂志社下面成立一个文化市场研究所。亚运会后有一天，我和大学师兄卢健、田源，还有一个校友李军在亚运村一个民族餐厅吃饭，确定三方合作在《管理世界》下面建立这个文化市场研究所，由我分管。李刚是武汉大学中文系77级校友，原来是教育部秘书处的处长，田源、卢健就让他做这个文化市场研究所的所长。李军从文化部介绍了一位叫田杨林的音乐作词人来做副所长。

成立文化市场研究所之后，我们在北京城南边租了房子，“招兵买马”了十几个人，第一件事情是策划“汉语风大赛”。那时候在中国留学的学生很多，这个大赛就是让在北京的外国人来参加汉语比赛，跟中央电视台合作。得冠军的那个小伙子对中国的成语太熟了，比我还熟，后来一直是叶利钦、普京的头号翻译。“汉语风”之后，研究所没弄出什么东西，也不赚钱，他们就老找我，想琢磨出什么办法。研究所租的房子在北京南边的一个学校里，1991年初夏的一天，天已经黑了，李

“中国工业四十年大型企业发展成就展”企业家论坛上，作者在思考自己事业发展的未来

刚和田杨林来找我，我们站在南城马路的路灯下，他们拿了一份《羊城晚报》，说：“陈总编，你看这报纸，上面有篇楷体的、带一点评论性的社评文章，说中国有五千年悠久的文化传统和历史，拥有大量的文化瑰宝和遗产，却没有一个有影响力的艺术品拍卖行。”他俩说，我们搞拍卖行怎么样？当时这个点子出来的时候，我印象极深，它触动了我脑海里对电视上那些拍卖场面的记忆。我毫不犹豫地说：行啊！

由于当时工作很忙，也不太清楚要办一家这样的公司应当从何做起，这件事就被暂时搁置了，但是这个创意就此埋在了我心里。直到1992年，国家体改委颁布《有限责任公司规范意见》和《股份有限公司规范意见》，才使这个创意有了实现的可能。

申请牌照

当年武汉印刷厂要上市，找毛振华做咨询。毛振华给它做股份制改制的方案，组团去武汉考察，由我们的老师董辅礽带队，卢健、李军、关敬如、毛振华、陆昂、刘举和我都去了。我们这一伙人去武汉做咨询，晚上吃完饭谈天，说到邓小平视察南方后大的改革形势令人激动，每个人都很兴奋，要做事的想法层出不穷。我讲工业博物馆，又讲拍卖行。他们用激将法，说："东升，你的点子太多，你只要抓一个做成功，我们都服你。"我说："行！"李军说："你要搞拍卖行，我可以帮你。"于是我下定决心办拍卖行，真的下定决心后，工业博物馆都不弄了。刘举很有意思，这次跟着去受了影响，我跟他讲停车场是个好生意，他后来做了这个生意，现在是中国最大的停车场公司的老板。

从武汉回来，我天天找我同学开始策划拍卖行的事，最重要的是见文化部

原文化部常务副部长高占祥

领导、市场司领导。还要写股东发起书——那时候办企业的发起书叫合同书，以及关于市场调研的可行性报告，准备公司章程、合同，申请报告要股东发起单位盖章，之后递交报批。

我因为之前工作的关系，与大企业关系很熟，不到一周就募集到2 000万元股本，也找了银行和保险公司入股。广州建行的黄泰刚行长是一个很开明的人，对我们很支持，给我们注资180万元。第一笔钱是他们给的，钱到账时我们欢呼起来了。长城饭店也是我们的股东，长城饭店的书记叫王文彬，说拿不出钱，我让他拿房租抵股份，所以我们的办公室设在长城饭店。

多年来的工作经验让我对相关规定还是很了解的，知道申请营业执照时不能直接提出涉及文物拍卖，只能说做工艺品，因为工艺品不受文物相关规定的管制。但是即便这样还是不够，我们跟文化部申请办公室，股东单位没有一个是跟文化艺术品相关的，我们更不是文化部的下属单位或职工，文化部凭什么批准呢？邓小平的南方视察给了大家明确的方向，中央的两个文件也给了我们信心，但是要大有作为不能光靠这些好的主意，还需要解决具体的问题。现实，考验我们的智慧。

2011年，作者与原文化部市场司司长靳静合影

我们必须要一个有实力且和文化艺术相关的单位做股东。文化部市场司处长陈兴宝说帮我找中国画研究院（现中国国家画院），我觉得很适合，但它是事业单位，没有钱，所以我给了它5%的股份，2 000万元中的100万元。中国画研究院出文，院长刘勃舒特积极。申请执照的时候，

我把它放在所有股东的前面，由它给文化部打报告，相当于中国画研究院要办一个文化拍卖行，成立一个有限责任公司，并且找到了其他发起股东。终于，文化部受理了我们的申请。

对于申请执照，我心里其实是做了长期打算和准备的，我知道这事没那么容易办成。申请递上去以后，我天天打电话问进度，每次他们都说，这次没能上会，下个星期上；下个星期又没上成，说下次再上；再下个星期又没上成；再过一个星期还是没上成。无数次的“没上成”，弄得我心里都长茧子了。

事情越等越复杂，又冒出一个拦路虎。我要办拍卖行的事，在文化部上下都传开了。当时文化部下面有自己的中国文化艺术总公司，负责人是文化部的能人吕长河，跟我年纪差不多，做过财务处长。拍卖行是个好点子，他听了也想办。部里有人要办，外面的人也要办，领导就更把这事搁在边上了，这一搁就是挺长一段时间。

对于拿到批文这件事，我虽然做好了长期等待的心理准备，但眼前的情况让我明白,得自己出马闯关了。当时的市场司司长靳静看了申请，虽然公司以中国画研究院的名义成立，但还有那么多的股东发起单位，他们仍然很慎重，专门派人去国务院发展中心对我个人进行外调。外调结果回来了，司长还得亲自见我。当时文化部在过去的北大红楼后面办公，那里还有《求是》杂志。靳静司长的办公室在二楼西边顶头朝南的房间，我向靳司长详细汇报办公司的想法，她兴趣很大，问了很多问题，说这是好事，坚决支持。

那边我约吕长河见面。我在当时北京最火的香港美食城宴请吕长河，我同学作陪。吕长河想跟我合作，说支持我办拍卖行，股份他占 51%、我占 49%，董事长、总经理由我当。我是学经济的，当然懂股份、控制权。我说你们文化部的公司什么业务都有，我什么都没有，我来搭个台，股

国务院发展研究中心管理世界杂志社

文化部领导：

今年初，在小平同志南巡讲话的鼓舞下，为适应当前形势的需要，由中国企业评价协会、中国外运公司国际公司、中国艺术研究院、中国国际旅行总社、中国太平洋保险公司等八家单位联合发起合股组建"中国文化艺术品拍卖有限公司"。整套报批文件已于九月初送交文化部报批。

现将我们组建"拍卖公司"的若干设想和原则向文化部领导和文化部办公厅、计财司、市场司作个简要的汇报：

一、建立国家级的文化拍卖市场已迫在眉睫，势在必行。

由于多年来，我们没有建立完整的全国文化市场，使得通过各种非法渠道使得大量的文化艺术品流向海外，扰乱了国际市场，使得中国文化艺术品在国际市场上一直处于低价位，使国家蒙受了极大的损失。

另外，从今年起全国各地出现了一个个拍卖热，这种[illegible]

国务院发展研究中心管理世界杂志社

保护了国家资本的这一特点，我们准备在八家发起单位的基础上，再吸收社会上将发起股一倍到二倍的资金，用强大的资金实力作后盾，用实力来统一市场，真正做到保护国家利益的目的。

三、由于文化艺术品拍卖是一种高风险的特殊行业，我们组建的"拍卖公司"从业务上、组织上、监督管理上都要受文化部的领导。所以，公司章程特别规定"中国文化艺术品拍卖有限公司"是属于文化部领导的，文化市场的业务上监督，为了防止拍卖的"全民性的倒卖文化的商业行为"。这种管理方式也是适应当前我们国家改革开放形势的需要的。

四、我们组建这一公司的愿望是，让国家大的企业和[illegible]基本进入文化市场。因为这些国家大企业有强大的经济实力，也有优秀的人才，让这些资金、人才流向文化市场，对发展我国的文化艺术事业无疑是一件大好事。同时，我们也将遵照中央文件精神，把获得的利润的相当大部分返回到发展国家的文化艺术事业上，

国务院发展研究中心管理世界杂志社

支持和扶持文化艺术事业。

五、根据当前我国经济体制改革的方向，新建企业，特别是大型企业将采用"股份有限公司"和"责任有限公司"的形式来发展。我们"中国文化艺术品拍卖有限公司"是严格按照国家公布的"有限责任公司规范意见"来组织和组建"拍卖公司"的。这里面按法律程序已做了大量的组织工作，发起单位的资金、人员都已协商落实到位，目前只要公司能注册登记下来，就可以马上投入正常的业务运营中。

所以，我们希望文化部按照正常的程序，或经一家批准一家的原则，审议我们的报批文件，尽早给予批复。

此致

敬礼

"中国文化艺术品拍卖有限公司"
筹备组
一九九二年十月十二日

上报文化部领导的请示（原稿）

份你占49%，我占51%，我帮你赚钱。他是部里的能人，听我这么说也很高兴，最后说他支持我算了，不搞合作了，我当场称他大哥并道谢。这边的事算告一段落。

文化部市场司靳静司长帮了我很大忙，不仅支持我，甚至出面帮我跑了不属于她管辖的部门，把艺术司、计财司全部协调好，再报到部长那里。高部长做吕长河的工作做得也挺到位，说拍卖行要是卖假画引起官司，对文化部来说风险很大，还是让外面的人去弄吧，别蹚这个浑水。高部长这么一说，我这么一做工作，吕长河决定不办了。我一辈子都要感谢长河兄。多方面做工作，执照却久催不下，1992年10月我决定自己给文化部领导写信，部分原文如下。

文化部领导：

今年初，在邓小平同志视察南方谈话的鼓舞下，通过半年时间的酝酿和协商，由……等八家单位联合发起合股组建“中国文化珍品拍卖有限公司”……

现将我们组建“拍卖公司”的基本设想和原则向文化部领导和文化部办公厅、计财司、市场司做个简要汇报。

一、建立国家级的文化拍卖市场已迫在眉睫，势在必行。

由于多年来，我们没有建立完整的全国文化市场，民间的各种非法渠道使大量文化珍品流向海外，扰乱了国际市场秩序，结果是中国的文化艺术品在国际市场上一直处于低价位，使国家蒙受了极大的损失。

二、从今年起全国各地出现了一股拍卖热，这种现象体现了国家资本的这一特点，我们准备在八家发起单位的基础上，再吸收大于发起股一倍到两倍的资金，用强大的资金实力做后盾，用实力来统一市场，真正达到保护国家利益的目的。

三、由于文化艺术品拍卖是一个政策性很强的特定行业，我们组建的“拍卖公司”从政策上、业务上、监督管理上都要百分之百地接受文化部的领导。所以，公司章程特明文规定“中国文化珍品拍卖有限公司是由文化部领导的，文化部市场司在业务上监督、管理和指导的股份制文化服务企业”。这种管理方式也是适应当前我们国家改革开放事业发展方向的。

四、我们组建这一公司的想法是，让国家大的金融、工业和流通资本进入文化市场，因为这些国家大企业有强大的经济实力，也有优秀的人才，让这些资金、人才流向文化市场领域，对发展我国的文化艺术事业无疑是一件大好事。……

五、根据当前我们企业改革发展的方向，新建企业，特别是大型企业将采用“股份有限公司”和“有限责任公司”的规范来发展，我们“中国文化珍品拍卖有限公司”是严格按国家公布的《有限责任公司规范意见》来组织和组建“拍卖公司”的。我们已按法律程序做了大量的组织工作，发起单位的资金、人员都已协商落实到位，目前只要公司能注册登记下来，就可以马上投入正常的业务运营。

所以，我们恳请文化部按照先后顺序，成熟一家批一家的原则，审议我们的报批文件，及早给予批复。

……

虽然我们是打擦边球，但拍卖行一定会有文物交易，所以在文化部批准前，需要先由国家文物局批准，我很佩服和敬仰当时的国家文物局局长张德勤，他率先批了。经过多方做工作，历经半年时间，到 1993

作者向张德勤局长颁发聘书

年2月，终于，文化部将申请批下来了。当时拍卖公司是一个新事物，得到了很多人的支持，特别是文化部的高占祥副部长、高运甲部长助理、办公厅主任胡珍、高占祥的秘书罗扬、市场司司长靳静、副司长孟晓驷、处长陈兴宝等领导，我从心里永远感谢文化部和国家文物局这些开明的领导和热心人。

当时，张德勤局长这种率先而为是冒着极大的政治风险的，尤其甘学军跟我下海创办嘉德之前是他的秘书，反对他的人都认为甘学军是他在嘉德的利益代言人或者代表，怀疑他跟嘉德存在利益关系。在他们的党组会上就有人直接说："德勤同志，听说您在嘉德有股份。"张局长很生气，说他要是在嘉德有股份就不会这么理直气壮地支持它，他是在支持一项事业。那时支持办拍卖是不得了的事，当时文物保护法规定文物不准私自买卖，反对的人是有法律依据的。

但那是一个思变的时代，我们处在改革的时代洪流中，全国上下、各个行业，从政府领导到个人都对变革充满激情。张局长更是觉得有责任改变全国文物商店系统陈旧落后的状况，并找到一条变革之路。他说“文物流通、文物市场也是文物保护的一部分”，这在过去是没有的。他说拍卖是为了保护文物的流通、利用，收藏也是一种保护，不是流失。于是，嘉德成了他寻找变革之路的一块试验田。后来在各种行业法规的制定和完善方面，嘉德的经验起到了非常重要的作用。之后的事实也证明，批准嘉德作为行业试验田是这些领导非常英明的决策，是正确的改革之路。嘉德没有辜负高占祥和张德勤等开明领导的智慧和胆识、勇气和魄力、前瞻和远见。

注册“中国”字头

1992年上半年报文，1993年2月文化部批准，接下来该进行工商注册登记了，首要的是注册“中国”字头。注册“中国”字头要到国务院生产办审批，当时负责这件事的是国务院生产办企业司企业处的处长陈全生，他现在是国务院参事室特约研究员。主管企业的生产办副主任是陈清泰，我过去搞“500家”评选的时候他是二汽的厂长、党组书记，朱镕基欣赏他，把他调到国务院生产办当副主任。我跟他熟，就去找他。他说国务院对“中国”字头卡紧了，有点难度，最好有一个国务院的领导批示。

我约上在中办的同学一起去找分管文化的国务院副秘书长徐志坚。徐志坚是在武汉长大的。我们跟他汇报，说艺术品拍卖是改革进程中的新事物，我们想建一家全国性的拍卖行，现在“中国”字头的审批在国务院生产办遇到难题，他是国务院领导，跟他汇报一下。他听完汇报后非常支持，他又分管文化口，就这样给我们放行了。

接着我去国家工商局注册。有了文化部和国务院生产办的批文，就剩下在工商局注册了。当时我有一个朋友叫侯林，是企业登记司副司

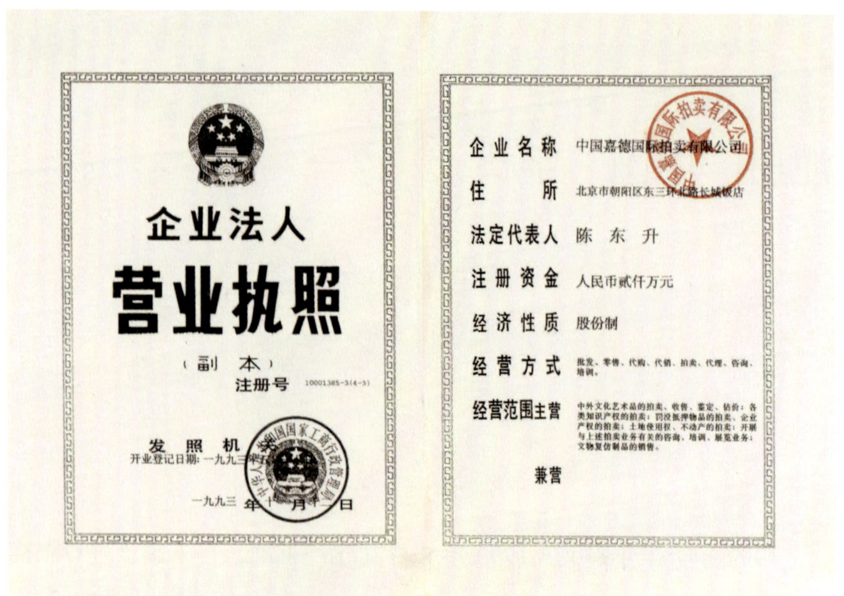

企业法人

营业执照

（副 本）

注册号 10001385-3(4-3)

发 照 机 关

开业登记日期：一九九三

一九九三 年 月 日

企业名称 中国嘉德国际拍卖有限公司

住 所 北京市朝阳区东三环北路长城饭店

法定代表人 陈 东 升

注册资金 人民币贰仟万元

经济性质 股份制

经营方式 批发、零售、代购、代销、拍卖、代理、咨询、培训。

经营范围主营 中外文化艺术品的拍卖、收售、鉴定、估价；各类知识产权的拍卖；罚没抵押物品的拍卖、企业产权的拍卖；土地使用权、不动产的拍卖；开展与上述拍卖业务有关的咨询、培训、展览业务；文物复仿制品的销售。

兼营

嘉德营业执照

长，过去是北京市西城区工商局局长，我们找他之后半个月就注册下来了。批准工商执照的时间是 1993 年 5 月 17 日。

我办公司比田源和毛振华批得都晚，他们办公司因为各种原因都相对简单些，他们的公司都是 1992 年年底成立的，毛振华的中国证券评估有限责任公司是第一个成立的，有 2 000 万元注册资金，在钓鱼台搞的开张仪式。田源的中国国际期货公司有 5 000 万元注册资金，开张仪式是在人民大会堂办的。那时候要注册“中国”字头的公司最低注册资金为 2 000 万元，没有文件，约定俗成，这在当年是非常大的数字，相当于现在的好几亿元。我一点一点地去找，去跑，过程一波三折。

取名“嘉德”

当时文物是国家专营，公司名字里不能出现“文物”两个字，我们只能打擦边，说经营的是当代艺术品。那个时候的当代艺术品并非现在所指，是指在世的艺术品，可以叫“珍品”。所以嘉德一开始申请下来的公司叫“中国国际文化珍品拍卖有限公司”。我有一个在世界银行工作的同学叫邹恒甫，是世界银行高级经济学家，一回来就坐头等舱，住五星级饭店，年薪 10 万美元，我们觉得他是天上的人。我请他帮我把公司的中文名翻译成英文名。那时候我住在东单的一个小平房里，工资 600 元，所以就在东单大排档请他吃饭。我请他先把这个名称译成英文，翻译后的英文缩写是 cat。他说 cat 是猫，在英文里有黄色的意思，不好。又再编了一下读成 gat，“佳德”就这样出来了。我想用“佳人”的“佳”，回去后陆昂说“嘉奖”的“嘉”更好，就改成了“嘉德”。公司成立以后，王雁南用“嘉德”的读音起了英文名 Guardian，就是“护卫者、保护神”的意思。于是“嘉德”这个名字诞生了，汇集了众人的智慧。

当时中国画研究院有一个展览馆，馆长郄鸿恩是著名书法家，“嘉德”两个字是郄鸿恩写的，写得很奔放，很有气势，一直沿用到今天。

中华人民共和国文化部

文计函(1993)2367号

关于同意"中国嘉德国际文化珍品拍卖有限公司"更名的批复

中国嘉德国际文化珍品拍卖有限公司：

你公司关于更名的报告收悉。经研究，同意"中国嘉德国际文化珍品拍卖有限公司"更名为"中国嘉德国际拍卖有限公司"。请持此件到国家工商行政管理局办理公司名称变更和经营范围增项手续，并将办理结果报部计财司备案。

特此批复。

抄送：国家经贸委、国家工商行政管理局、财政部
本部部领导、办公厅、计财司、市场局、艺术局、人事司、国家文物局

文化部批复

《中国文化珍品拍卖有限公司章程》(讨论稿)

2013 年 3 月老邬去世了，我们都很怀念他。

"中国嘉德国际文化珍品拍卖有限公司"这个名字使用一年后，由于当时关于文物拍卖的争议极大，为了寻找和增加出路，保证嘉德能够持续经营和发展，经营范围扩大到包括以小拍和产权中心等为主的非艺术品种类的拍卖，公司名称变更为今天的"中国嘉德国际拍卖有限公司"。

开业典礼

审批的全部程序走完，我们选了注册后的第二天，即 1993 年 5 月 18 日开张。毛振华公司的开张庆典在钓鱼台，田源公司的开张典礼在人民大会堂，我都不能再去了，就琢磨搞点与众不同的，搞点小资情调，于是定在长城饭店。长城饭店的建筑在当时是国内很少见的玻璃屋。记得 1983 年我大学毕业到北京，我弟弟陈平考上解放军西安政治学院，上学路过北京，我带他坐公共汽车到过长城饭店。那时候进去要护照，我们哪有护照，胆怯得不敢进去，围着长城饭店转圈，摸那个玻璃墙，旁边不远处就是农田。长城饭店是当年一个姓沈的美籍华人引进的投资，是国内第一家中美合资的五星级酒店，火极了。当时美国总统里

王光英的题词

作者（左）在嘉德成立酒会上致辞

根访华，就住长城饭店。

开业典礼是在长城饭店后花园里举办的。那天下午，草地上坐了一个弦乐五重奏乐队，高朋满座。我们请了国务院分管文化的领导——国务院副秘书长徐志坚，国务院发展研究中心主任马洪、副主任孙尚清，国务院研究室主任王梦奎，文化部副部长徐文伯，国家文物局局长张德勤，北京市文物局局长王金鲁，国务院生产办副主任徐鹏航，北京市副市长陆宇澄，总政文化部部长李任之，国旅总裁卢奋燕，外运集团总裁刘福林，中央工艺美术学院（现清华大学美术学院）院长常莎娜、教授何海霞和张仃，中央美术学院院长靳尚谊，我的领导李克穆等，挺热闹的。何海霞和张仃等艺术家还馈赠了书法作品祝贺。王光英先生特意为我们题词“弘扬民族文化，繁荣艺术市场”，给我们很大鼓舞。

曾梵志后来跟我说：“嘉德的开张典礼，请柬和礼品都很高级。”当时高园给了他一张请柬出席嘉德的开业典礼，他刚到北京，觉得嘉德开业典礼特别好。那时，能被邀请到五星级饭店出席宴会，同时还有礼品，大家都很高兴，也都愿意参加。

庆典的当天我们特别召开了一个研讨会，大家发表了自己的观点和看法，大部分人并不看好拍卖，只有章津才和秦公的态度是积极和肯定的，李克穆也谈了他对艺术品市场的看法。这一天，热闹的庆典和整体观点并不乐观的研讨会让我的心情非常复杂。

张德勤局长的日记本上1993年5月18日这一天是这样写的：“晚，参加中国嘉德国际文化珍品拍卖公司开张典礼。徐志坚、徐文伯、孙尚清、马洪和经贸委徐副主任出席。徐志坚同志对我说，文物拍卖宜小步走，慢慢来……”看似他们随便说出的每一句话都像国务院指示一样被张局长记录了下来。当时这些领导出席就代表了他们的立场和态度。国务院对拍卖没有明确的批示，但国务院领导的到场给了担着极大风险批准嘉德成立的张德勤局长相当的肯定和支持，也无形中给嘉德的

嘉德成立签字仪式
左起：李秋波、庄永竞、王文彬、赵义奎、柯用珍、黄泰刚、作者、靳鸿恩、黄运成、邬鸿恩、张明华、杜越新、杨德平

成立进行了背书。这就是那个时代，在改革之初，面对各种变革，在变与不变之间，在合法与没有法律依据之间，突破旧体制之时国务院和地方各级领导、各行业的开创者们的所作所为与如何作为，都充满微妙、巧妙之处，体现的都是他们的胆识与智慧。

新时代

20 世纪 90 年代初期，拍卖在国内完全是个新生事物，批准成立拍卖公司是政府决策上的一次划时代的政策实验。我被认为是国家的优秀青年干部下海做拍卖，所以得到了政府主管部门众多领导和干部的支持，赢得了大家的认同和信任。如果是一个从南方来的私人老板做这个，恐怕很难得到同样的信任。当时文化部常务副部长高占祥和国家文物局局长张德勤很支持我们。特别是张德勤局长，他原是胡启立的秘书，思想开明，有一帮年轻人团结在他身边，这些人很开放，包括外事处处长吴熙华、办公室主任刘小和、流散处处长李季。北京市文物局局长王金鲁也很支持我们，国家文物局副局长马自树主管文物拍卖，都帮我们解决了一些实际困难。他们实际上是想通过嘉德，对国内文物艺术品市场的经营做一次新的尝试。

新中国成立后，国家规定文物要专营。什么叫专营？就是在管理体制上高度集中，由国家直接管理，只有文物部门直属的文物商店可以出售文物，即只允许国家出售文物，不允许民间或私人经营文物。文物商店是唯一合法的文物经营单位，低价从民间收集文物，好的上交调拨给博物馆，一般的在店里卖掉。国家出售文物的目的是出口创汇，所以出售对象只是国外和国内的外国人。全国文物买卖有四个口岸，天津、北京、上海、广州，参与文物销售的除了文物商店，还有外贸部下属的工艺品进出口公司、友谊商店、外贸商柜。

文物商店都是当地的事业单位，属于当地文物局，文物局对文物进行调拨，内部划价，然后文物商店再进行企业式经营。全国文物行业一直很萧条，“文革”时期几乎停滞下来，“文革”后期开始逐渐恢复，但发展非常缓慢。20 世纪 80 年代初有一大批“文革”中被查抄的文物，包括几百万件书画古董，从上海运到北京。这批文物后来按照一件文物一元钱的价格，共计卖出大概 1 300 多万元就转到了北京市文物局，从此北京文物公司（隶属于北京市文物局）成了中国最大的文物买卖批发商和批发中心，全国的文物商店都到北京文物公司批发，再拿到全国去卖。为了创汇，那些年很多文物被当作工艺品整集装箱地批发到国外去。后来苏富比、佳士得成立香港公司，文物卖得不错，民间开始意识到文物的价值，致使文物商店征集文物越来越困难，同时国家开始限制文物出境，文物商店更加没有生意。20 世纪 90 年代初，全国文物业完全呈现出找不到方向、没有发展前途的衰败景象。

1993 年全国各行各业都在搞改革，文物行业的状况已经落后到不改不行了。无论是国家文物局局长张德勤，还是北京市文物局局长王金鲁，这些开明领导都从内心深处希望能够寻找或者摸索到一种新的方法，彻底改变文物经营死气沉沉的状况。尽管是一潭死水，变革谈何容易，触碰国家“专营”的东西必定阻力重重。我们申请成立公司时打擦边球，叫文化珍品拍卖，刻意回避直接使用“文物”字样。当时国家文物局独立于文化部，虽然文物的事文物局局长可以说了算，但能得到国务院领导对于“文物拍卖宜小步走”的“明确批示”，局长的请示也是擦边球式的。

我申请成立嘉德正好赶在这样一个节骨眼上，变革是大势所趋、人心所向，然而它随后带来的翻天覆地的变化，所引起的文物界的震动却是所有参与变革的人都始料未及的。我们将开启一个新时代。

2012 年张德勤局长接受记者采访时是这样回忆的："嘉德成了气候，每前进一步，想扼杀它的人就越发疯狂，一些人自称文物保护专家站出来发话，说什么也不能让他们干这件事，一帮不懂得文物的年轻人住着五星级饭店，开着奔驰，每天吃香的、喝辣的，凭什么？要干这件事也得我们干，不能让他们干。后来他们为了扼杀这些冲在前方的体制外的拍卖公司，就跟北京市的文物局副局长孔繁峙打电话反映，说这一次嘉德拍卖你们不要批，我们了解得很清楚，张德勤在嘉德有股份……我就背着这个黑锅，说我在那里有股份，我后来跟我们人事部的同志讲，我越是把我的政治资本押在一项改革的事业上，冒着很大的风险，我越是要把自己洗得干干净净，我身上有一点污点我也不敢干这件事，我知道他们气急败坏之后什么事情都做得出来，我踏实得很。"

拍卖公司跟旧有的文物商店体制之间的斗争激烈的程度是今天的人们没法想象的。直到 1996 年《中华人民共和国拍卖法》(以下简称《拍卖法》)颁布，规定任何一个单位只要有 100 万元的注册资金，只要有五名懂业务的职工就可以申请成立文物拍卖公司，彻底打破了文物部门的垄断，斗争才算告一段落。由此大家可以想见，嘉德刚成立的前两三年日子有多艰难，没有那些开明领导的支持，也没有今天拍卖业的繁荣景象。

陈仁《突破》
1985 年，布面油画，172 cm×172 cm，泰康收藏

学习索斯比

Sotheby's 和 Christie's 是国际上最老牌的两大拍卖行，也是至今最大、最有影响力的两大拍卖行。现在大家都称她们为“苏富比”和“佳士得”，但在我创办嘉德的时代，她们的中文名字是音译的“索斯比”和“克里斯蒂”。对于我们这一代人，索斯比与苏富比的不同之处是，索斯比充满了那个时代的气息和特征，甚至具有某种象征意义，所以在这里我要沿用她当时的译名。

嘉德最开始在长城饭店租了两间房子，筹备了三四个月，只有我带着曹丽和高园。王雁南在楼上长城饭店副总经理办公室办公，她楼上楼下两头跑。王雁南高挑，气质好，是最早留学美国学饭店管理的中国人，工作单位又是五星级饭店，很多人认识她。

多年以来，有一件事我一直很感谢王雁南。嘉德成立后，筹备期间还没有开始拍卖，有一天王雁南说：“索斯比有人来北京，见不见？”我说“见”。到访者叫梅森，是索斯比拍卖行负责家具拍卖的。那个时候我刚下海，把接见外宾很当回事情，也很得意：你看，接见外宾了。王雁南的见识比我广，说见梅森要租一个会客室。我问：“租会客室要花

1994年秋，作者、王雁南访问美国索斯比拍卖行，与龚继遂（左一）、浦文（左二）、迪迪·布鲁克斯（DeDe Brooks）（中）、威廉·F. 鲁普雷希特（William F. Ruprecht）（右二）、苏珊·米切尔（Suzanne Mitchell）（右一）在一起

多少钱？值不值得花这个钱？”王雁南说，接见外宾，这是规矩。见面时，我紧张了半天，正儿八经跟谈判似的，跟他谈了一个多小时，因为对许多事都不懂，能请教的就请教。交谈中梅森跟我们说，拍卖时，卖贵了、卖便宜了都会伤客人，一定要公正，拍卖行不能跟买家卖家抢生意，只能做中间人。每件艺术品要写品相报告书，绝不能漏掉一点。一定要保证品质，不能欺骗别人，一定要诚实地跟人家讲清楚。为什么呢？因为欺骗了人家，人家迟早会知道的，知道了就不舒服，就会离开你。这次谈话的核心就是一定要诚信经营。

梅森的一席话被我奉为金科玉律，嘉德从此坚定地不买不卖，一直坚守至今。后来很多时候都会有人说，陈总你赚那么多钱，把东西买下来，不是能赚更多吗？但如果你买下来再卖，总想卖个好价钱，就可能会和买的人有冲突。只有不买不卖才能够公正地对待每一个客户，包括每一个买家和每一个卖家。

做拍卖，每天在拍卖场里，想买东西还不是近水楼台，随时有机会。若想便宜买某个东西，总有机会做些手脚，比如不把它放在拍卖册的封面，而是放在最后，或者跟人说这件东西不值这个价钱，希望最后自己低价留下，这些对卖家和其他买家都不公平。拍卖行是一个平台，我们只做中间商，自己买和卖都超出了这个界限。俗话讲得好，该你赚的钱就赚，不该你赚的钱不能赚。

拍卖行是高度的信誉垄断行业，为什么嘉德到今天依然兴旺？就是因为坚定地坚持不买不卖的原则。后来很多拍卖行根本不懂这个原则，为了做业绩，允许卖家比底价多举一口、两口，甚至三口，卖家举回来，成了假成交。整个中国艺术品市场一步一步被这些所谓的以为可以维护市场的“好心”，侵蚀到徒有形象却失去了信用的地步。当年嘉德和核心对手较量，每一场对方都比我们卖得多，但行内都知道我们实际成交量跟对方差不多，甚至可能比对方还多。像现在一样，新的竞争对手每场成交量都超过嘉德，但是行内也都知道它们交的营业税、企业所得税都比嘉德少很多。

中国的拍卖行业有两种模式，一种是从琉璃厂延续下来的传统模式，一种是从嘉德延续下来的现代企业模式。两种模式都在学习国际化的过程中在中国落地生根，但区别还是有的。不论怎样，嘉德总是恪守不买不卖的原则，买家卖家也要遵守原则，都要交佣金，大家共同维护市场秩序。不遵守原则就一定要有惩罚，缺少惩罚机制，就有卖家自己顶自己的货，买家就会变得小心翼翼，觉得上当花了冤枉钱。在恪守原则的同时，嘉德有时容易让人觉得太古板，会伤害客人。现在有些大客户为了保护自己的利益，提出很多苛刻要求，很多拍卖行坚持不了原则，放弃原则，这些现象常常出现。在嘉德，我也不能说百分之百没有这种现象，但在市场上，大家心中是有杆秤的。所以现在大家在市场说佳士得、索斯比可信，嘉德可信，就是这个原因。在嘉德买东西是放心的，作为创始人，我认为公司的最高管理层遵守原则是最重要的，这是核心，是企业长久发展的命根子。

当年与梅森的一番谈话非常重要，对我影响很大，也一直在影响嘉德，我们做企业的标准都跟这番谈话密切相关。对买家诚信，对卖家诚信，坚守不买不卖，只做中间人。这“两个诚信、一个坚守”成了嘉德一直以来遵守的原则，也是我们成功的重要准则。在国内，嘉德是第一个股份制拍卖行，嘉德拍卖的真实性、可靠性最高，真实地反映这个市场的走向，买家在嘉德买东西也放心。嘉德交的税也是拍卖行业中最多

作者、梅森和王雁南于 2013 年 4 月在纽约重逢

的，一直是税务排头兵。

这两年，行业诚信体系的建设问题，以及如何实现行业可持续发展成为被广泛关注的焦点，2011 年 6 月《中国文物艺术品拍卖企业自律公约》正式发布就是很好的证明。到 2019 年年底，《2018 中国文物艺术品拍卖市场统计年报》公布，嘉德在 2018 年全国文物拍卖企业中夺得五项第一：实收拍品款第一，实收佣金第一，主营业务盈利第一，人均创税第一，企业各类纳税第一。这个报告最早是商务部流通业发展司、国家文物局博物馆和社会文物司、中国拍卖行业协会联合发布的，相关纳税数据经过中国拍卖行业协会核实，都是实缴数额。嘉德的信誉可见一斑。

什么是拍卖?

一个创业者在开启一个行业时，必须要经历很多事情，没有遇到挫折是不可能的。“92 派”的特点是做事有确定的目标和使命感——做品牌，做事业，不是做项目，不是做一锤子买卖。我做嘉德，从一开始就走市场化、专业化的道路，股权很明晰，各种条款很规范，不像现在很多人，哪里能挣钱就去哪里抢项目，很多人倒在了灰色地带，我们不会在这儿倒下。近 30 年来，行业整体都很成熟、繁荣，嘉德在行业里仍然领先，被大家信赖，是个成功的企业，看上去我们没经历太多坎坷，其实我们最大的困难，无论当初还是现在，都是挑战自己的智力，挑战对自我行为的约束能力，挑战团队合作。这些做事业、创品牌所必须做的事就是我们的压力和困难。

我是官员下海，从咨询研究部门闯到这个领域来。虽然有那么多开明领导的支持，但是拍卖行到底是怎么回事，该怎么经营，除了《新闻联播》电视画面留下的印象，我全无概念。我到处请教专家。首先，拍卖怎么赚钱啊？听人说文化部市场司有一位副处长跟苏富比很熟，我就专门去拜访他。他对拍卖也了解不多，那天说了很多话，都不是我想要了解的，直到聊天快结束的时候，他说了这么一句话："拍卖行就是按成交价向买家收 10% 的费用，向卖家收 10% 的费用。"这句话很关键，实际上就是这么赚钱的嘛。用现在的话讲，这就是商业模式。

因为中国内地没有先例可循，我只有向成熟的市场借力。我第一次跑去香港是王立梅带我和王雁南去的，第一次见识了苏富比，认识了徐展堂先生、苏富比的中国古画专家张洪先生和佳士得的黄君实先生。他们后来都帮过我很多忙，是我很尊重的人。在苏富比拍卖现场，我扛着在日本留学的弟弟送给我的摄像机，偷偷摸摸地拍摄拍卖现场的一切：牌子、记分牌的样子、拍卖师。连预展时用的玻璃罩子是几厘米厚等细节，我都仔仔细细抄在小本子上。

我还把香港拍卖行的老板胡文启先生请到北京来教我们，也多次请教张宗宪先生关于拍卖公司的很多事。要做哪些事情，注意哪些事情，拍卖图录怎么编排，拍品怎么征集，拍卖阶梯怎么设置，拍卖师怎么训练，什么时候、怎么样才能落槌，拍卖师要怎么做到眼观六路、耳听八方，很细微的地方都要请教。现在这些早已不是问题的问题在当时对于一切从零开始的我们来说，既神秘又充满了挑战，我们也因此创造了行业里的无数个第一，大到制度建立和行业规则，小到一个表格、一份单据。

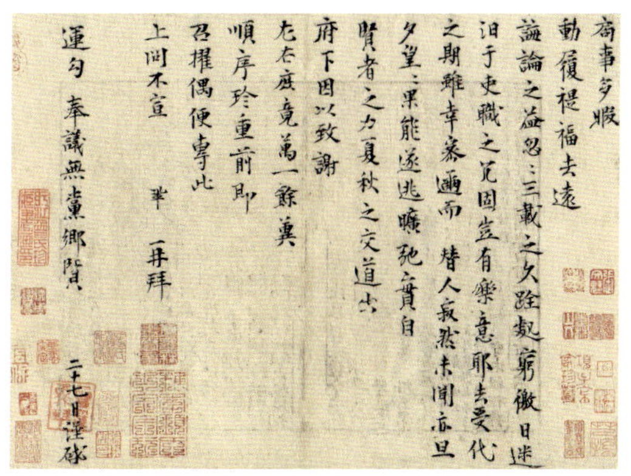
局事多暇
動履禔福去遠
誨論之益忽忽三載之久跧處窮微日迷
汩于吏職之冗固豈有樂意耶去受代
之期雖幸甚涵而替人寂然未聞亦且
夕望之果能遂逃曠弛實自
賢者之力夏秋之交道出
府下因以致謝
左右庶竟萬一餘冀
順序珍重前即
召擢偶便專此
上問不宣　鞏再拜
運勾奉議無黨鄉賢
二十七日謹封

曾巩《局事帖》
书法，29 cm × 39.5 cm，
2016 年春拍成交价：RMB 207 000 000 元

刘开渠《人民英雄纪念碑浮雕》
1958 年，铜铸雕塑，30 cm×25 cm×8 件，泰康收藏

我心中的拍卖师

什么是拍卖？在大多数人的印象中，就是小槌一敲，黄金万两。从画面上看，拍卖就是一个人站在台子上拿着一个小槌，大家随着这个人嘴里的价格出价，最后他一敲槌，交易达成。那个站在台子上挥舞小

委托席，从左至右：李秋波、作者、王雁南

拍卖师高德明

槌的人，就是拍卖师，在我看来就是当年在《新闻联播》画面里看到的指点江山的人，由此可见拍卖师在拍卖中的作用。

在现有的可见经验中，在西方和香港地区的拍卖师都是外国人，主持拍卖用英文。我们则是把拍卖当作一项事业而非一场生意来做的，因为我们都有一种大国情怀，把拍卖上升到了一种民族主义的高度，觉得拍卖师形象一定要好，声音要吸引人，用中文主持，是懂英文的中国人。嘉德成立后我们在《人民日报》（海外版）打广告招聘拍卖师，应聘的来了七八个，只有一个还可以，是从英国回来的留学生，长得很阳光，高高的，很有自信。王雁南站在我旁边，他一进来就跟我讲英文，我们没要。

我对拍卖师的印象都来源于《新闻联播》的画面，是优雅成熟的绅士形象，所以不想招年轻人。后来有一天我去见薛永年，他是中央美术学院的教授，时任美术史系主任，兼中国美协理论委员会副主任。我们聊得很好，他很赞赏我们的工作，一高兴我就脱口请薛先生做我们的拍卖师。我的唐突一定冒犯了他，他一句话给我驳回来了。他的表情告诉我，他心里肯定觉得我有病。当时我们的文化价值观差距太大了，他是什么人？能去做一个敲槌的人吗？而我老想着电视里苏富比拍卖的画面，想找一位长者，文化高、修养好、嗓音好。我只好道歉说："对不起，冒犯您了。"

突然有一天，王雁南跟我说："陈总，长城饭店客房部的总监张磊

拍卖师徐军

2019 年秋拍大观夜场在嘉德艺术中心举办

推荐了一个人，这个人是北京化工研究院的院长助理，英文很好，刚退休，整 60 岁。他历经坎坷，可以见见。”过了三四天他来了，一进来做自我介绍：“我叫高德明。”声音特洪亮，一下就跟我脑子里的拍卖师形象对上了，我要的拍卖师就是这样的。我说：“就是你，就是你！”

高德明成了嘉德的第一位拍卖师，他也成功地树立和塑造了中国拍卖师的形象。嘉德刚刚成立的时候，社会上没有人懂拍卖，也没有人懂得如何主持拍卖。他当年虽然年过花甲，但凭借良好的英文能力，通过一些国外拍卖场面的录像资料研究怎样主持，采用什么样的语言，最终琢磨出了一套他独有的风格，得到广泛的认同。中央电视台《东方之子》栏目曾经采访他，他谈到了自己认为的中国拍卖师的理想模式。在 1997 年颁布《拍卖法》规定了拍卖师的法定资格以前，很多拍卖行的拍卖师都是看着高德明的拍卖自学成才的。

自高德明成为首席拍卖师之后，嘉德非常注重培养自己的拍卖师团队，其中徐军和张相佑是最优秀的。这些年，嘉德拍卖师的规模也在不断壮大，目前有 17 位，是一支国内顶级的金牌拍卖师队伍。

第一次征集

文物艺术品拍卖这种交易方式，无疑是对原来陈旧落后的文物商店体制的一种革命性颠覆，这一场看不见的革命是静悄悄发生的，肇始于1993年我们第一次向文物商店征集拍品的时候。文物商店和原来的旧文物经营行里的人当时并没有马上意识到我们即将对他们造成的威胁，相反，他们觉得出现了一个很好的创收途径，挣钱更多。于是，他们成了我们的第一批供货者。所以这场静悄悄的革命并没有带来社会动荡。后来，随着拍卖事业的发展，竞争能力日渐提升，我们的重要供货者文物商店在坐吃山空的同时，很快在内部产生了反对拍卖行和支持拍卖行的两股势力，斗争非常激烈。

开张后忙活了一年，赚钱的压力巨大，天生的经营头脑让我明白第一场拍卖会成功与否至关重要，而第一场拍卖会成功的关键在于拍品质量。所以我们在征集第一次拍卖会的拍品上下了极大的功夫。我觉得第一场拍卖会一定要引起轰动，而没有高价位、高档次的拍品就不会引起轰动，也就不会成功。中国画研究院副院长赵榆曾经在国家文物局负责了十年的传世文物，全国文物商店的经理和业务科长差不多都是他的学

张大千《石梁飞瀑》

纸本，立轴，268 cm×91 cm，

1994 年春拍成交价：RMB 2 090 000 元

齐白石《松鹰图》
纸本，66 cm x 364 cm，1994 年春拍成交价：RMB 1 760 000 元

生，所以我就让他陪我去了很多地方。

第一次我们去了三间房，这里是北京市工艺品进出口公司的库房所在地，圈子里也就把北京市工艺品进出口公司的库房简称为“三间房”。当时北京市工艺品进出口公司的总经理叫崔景林，是赵榆的老朋友，三间房的科长是张吉浦，画都在他手上。崔景林拿出齐白石的《松鹰图》和张大千的《石梁飞瀑》让我挑，我两幅都想要。他们哪里舍得，不想都给，因为这两幅是可以给他们创外汇的。赵榆帮着说好话，他没办法，就同意了。张大千的《石梁飞瀑》画的是浙江的天目山，做了首场拍卖的封面，底价是 80 万元，结果拍到 209 万元，齐白石的《松鹰图》底价也是 80 万元，拍到 176 万元，创了当时二人的拍卖世界纪录。整场卖了 1 400 万元，这两件占了近 400 万元，立了大功。

后来我们又去天津的杨柳青要了十几张画。杨柳青是画社，卖年画、版画的机构，但收了很多画，跟文物商店的性质差不多。那次杨柳青给了我一张齐白石画的桃，那桃子画得真好，看着好像恨不得捏一下就能捏出水来。天津人民美术出版社也给了我们很多东西。

当时全国文物商店因为不景气，库房里都有大批文物。除了文物

商店，我还找到北京文物公司，总经理是秦公。他是行里的专家，对拍卖这种模式很赞赏，很热衷，有气魄，又有人脉，特想办拍卖行，但是拿不到牌照。他觉得我是中央机关出来的神通人物，也很支持我，一次给得不够，我又要，他又给。最后他一共给了我们五十几件书画，还介绍云南文物商店给了我们十几张，包括徐悲鸿的一幅《鱼鹰》。此外，我们还登报征集到了一些社会上流散的文物，有一幅丈二匹的《猛虎吞日》，张善子画的，一头大老虎欲吞红日，寓意是抗战要把日本人给打败，我印象极深。

不像现在各家拍卖行每一场大小拍卖都包括书法、国画、瓷器杂项、家具等很多门类，嘉德的第一场拍卖只有国画和油画两类。通过油画拍卖，我们认识了艺术批评界的水天中、郎绍君、薛永年、尹吉男、殷双喜、栗宪庭等人。栗宪庭跟我讲威尼斯双年展，让我知道了当代艺术。我们第一场油画拍卖就有当代艺术，包括张晓刚的油画《圣婴·创世篇》和周春芽等人的作品，一共 50 件。

对于首场拍卖的筹备，整个公司都是既茫然，又很兴奋，当然也充满期待，在忐忑中加紧做事。当时嘉德没有自己的专家，每一件东西拿回来都得找外面的专家看。那时候的专家包括徐邦达、耿宝昌、章津才。他们都没有钱的概念，看了也不收钱，觉得我们请教他就很高兴。甘学军他们从各地弄回来的东西，并不都是大件，有的很普通，他们都给看，还解释为什么对或者不对。在与专家的频繁交往中，专家的耐心解释也培养了我们团队对专业的学习热情。我们的团队也很实在，拿东西的时候会跟客户说自己不懂，先拿回去找专家看看再说。

最开始做拍卖，就跟农民种地一样，辛辛苦苦地工作了一年，却不知道收获的时候老天给不给你饭吃。那一年我是怎么过来的呢？就是挖空了心思想赚钱。我有一个朋友叫王建才，是西安的老板，他从陕西一位领导那里得了一张宋徽宗的《白鹰图》。我拿给徐邦达鉴定，徐先生哈哈笑着说“这个东西在故宫呢”，原来我们这件是清代仿品。我回来跟王建才要鉴定费 1 万元，他气死了，说如果鉴定出这幅画是真的，他

第一次外地巡展，到海口、深圳、上海三地，一切都是自己动手布展

发了财，可以给我鉴定费，鉴定出假的他凭什么给我钱。我当时挣钱心切，六亲不认，鉴定了不管真假一定要收 1 万元鉴定费。

王建才喜欢到我那儿去。我还在嘉德的时候，有一次他翻我的抽屉，一拉开看到申请成立泰康人寿的文件，他一看是要成立保险公司，他是聪明人，揣着文件就要走。我说不行，他就复印了一份。后来他也去办保险公司，永安保险就是他创办的，就是看我办泰康学去的。我和他说他欠我 1 000 万元，找他要点子费。

嘉德是第一个也是唯一一个有“中国”字头的拍卖公司，我很得意，觉得一定要在最好的地方办公，所以在长城饭店开了四间房，一天一间房房费 85 美元，加 20 美元的服务费，一共 105 美元，四间房 400 多美元。那时候 1 美元兑人民币是 8 元多，每天付钱压得我喘不过气来。嘉德从 1993 年 5 月成立开始筹备到 1994 年 3 月 27 日拍卖，其间几乎一整年全在花钱。天天付房租，月月付工资，一分钱没有赚，赚钱的压力和急迫让我抱着像捞稻草一样的心态去捞钱，赚不到大钱临时捞一笔心里也踏实点儿。

我有一个朋友是陕西师范大学的体育老师，他介绍我认识了一位教授，他家里有一批古画，都是明清时候的老画，有扬州八怪等人的。老教授要价 20 万元。甘学军说这批东西用 20 万元买来，能以 100 万元卖给台湾人，于是就派了陈连勇去。他提着现金去的，怕画有假，找了武汉文物管理委员会的主任和湖北省博物馆鉴定组的专家鉴定，专家说是真的，就买回来了。拿回来一看，除了一幅对子外，其他全是老假。我哪能甘心，请章津才过来看，他说是老假。我不服气，老教授藏了 50 年的东西，怎么可能是假的？我又请徐邦达看，徐邦达也说不对，我彻底服气，一下子就坐在那里起不来了。还没赚钱就亏了大本，可想而知这件事对我的打击有多大！

人就是这样，你越想发财的时候就越容易上当受骗，心不正嘛。后来我去找我的这位朋友，去了五六次，钱还是要不回来。老教授说:“君子协定，假的真的说不好，你都认了，现在凭什么退。”至今这批东西还放在嘉德库房里。

嘉德首场拍卖预展开幕式
左起：何海霞、金明、赵朴初、田纪云、王光英、肖秧、庄炎林、徐文伯、周道炯、邹佩珠、张德勤

那一年我的感觉是“心冒冷汗”！胡妍妍说:“你就像我们的晴雨表，我们每天看你的脸，你板着脸我们就不吭声，你情绪好我们就有说有笑。”真的是这样，我自己没本事，就催员工干活，像周扒皮一样。那段时间我经常胸闷、心疼，很真实的感觉，因为压力太大了，晚上睡不着，做噩梦。这都是真实的经历。

（清）乾隆紫檀雕西番莲“庆寿”纹宝座，125 cm×75 cm×115 cm，成交价：RMB 57 500 000 元

一槌定音

紧张筹备了近一年，1994 年 3 月 27 日终于迎来了首场拍卖的日子。当时拍卖是新生事物，嘉德的第一场拍卖更是昭示着当时国家直管专营的文物交易的重大变革，所以来了很多人，包括很多领导干部，如田纪云、王丙乾、王光英、赵朴初、四川省省长肖秧，还有家在北京城里的部长局长，如徐文伯、张德勤、陆宇澄、王金鲁等，还有国务院发展中心我的两位老领导马洪、孙尚清，国务院生产办副主任徐鹏航。各级领导的出席在当时的情况下意义重大，意味着政府的支持，他们是用行动来支持嘉德，支持这场拍卖。同时，为了扩大社会影响，我们还请了很多文化界的名人，李可染的夫人邹佩珠，吴作人的夫人萧淑芳，徐邦达和滕芳，张大千的弟子、著名画家何海霞还给我们写了一副对子。第一次参加我们拍卖的还有几位贵宾：上海文物管理委员会主任和副主任，也是上海博物馆馆长和副馆长的马承源和汪庆正，还有许勇翔先生等。马承源和汪庆正二位令人尊敬的老先生是我一生缅怀的文博界的两位伟人。还有其他同学、朋友、股东，田源、卢健、曾文涛、毛振华、赵凯、张建华等就不用说了，这场拍卖会可以说是高朋满座。

金明、何海霞、徐邦达、张宗宪、启功出席嘉德预展

虽然有众领导和朋友的捧场，人气很旺，但第一场拍卖没人知道会怎样，我也不知道，心里还是特别忐忑。那时我们卖门票，一张门票100元，卖了几万元。我还记得开场前，一个艺术评论家在门口检票的时候，跟旁边的人说：“肯定不会成功，中国哪有人买啊？个体户有钱不懂文化，我们懂，但没钱。中国艺术市场五年内都不会起来。”我刚入行，跟他们都不太熟，不认识他，当时听了，心里就像有个桶，咚，拉上去了，紧张、惶恐就不用说了。

嘉德整个团队有20多个人，努力了将近一年，结果就看这天了，我们既兴奋又紧张，心情之忐忑应该都是差不多的。甘学军是团队里主管业务的副总经理，30岁出头，很瘦，跟小孩似的，因为现场人太多，他出去了一下差点没挤进来。“第一场拍卖，人山人海，水泄不通。人太多了，卖票也挡不住啊。客户领了牌子可以带两个人进去，所以就哗哗哗全是人。那天我们还请了公安局的人来，因为大型活动嘛，公安局要管的。我们要给他们开房，他们要在这住的。我就记得我出来，再想进去进不去了。公安局的人不让我进，他们不认识我。我跟他们吵起来了，我说我不进去这拍卖会开不了，他说‘你是谁呀?’哈哈，很有意思。真是，那种场面以后不可能再有了。”甘学军回忆说。

拍卖正式开始，我们请徐邦达先生给嘉德开首槌。这是象征性的一槌，是为中国拍卖行业的未来发展敲下的开创性的第一槌。为嘉德和中国艺术品拍卖市场敲下的这一槌，可谓一槌定乾坤！正式拍卖由高德明先生举槌。第一件拍品是吴熙曾的《渔家乐》，起叫价 8 000 元，估价 1.5 万元到 1.8 万元。刚叫完，一号牌就举起来了，开价 2 万 8000 元，是张宗宪先生，大家都知道一号竞价牌一定是他的。这画在当时实际上值 8 000 元，张宗宪先生一下站起来，然后一直站在那儿，牌子举着不放下，3 万 8000 元，4 万 8000 元，8 万 8000 元，他叫到 8 万 8000 元！这个价可以买一张吴昌硕或齐白石的真迹，而这幅画卖 2 万 8000 元已经高了。张先生非常支持国内自己办拍卖，是特意来捧我们场的，他给举到了 8 万 8000 元，气氛一下子热烈起来，全场都在鼓掌，我特高兴。

徐邦达为嘉德首场拍卖敲响第一槌。此图后来在“辉煌 60 年——中华人民共和国成立 60 周年成就展”文化板块中展出，象征着中国拍卖业的开始

拍卖结束，我照章收了他的钱和佣金，一分钱佣金都没给他让。当时我不知道怎么处理，很发怵，就按规矩办事，不了解这一行，不敢越雷池半步，肯定弄得人家心里很不舒

嘉德首场拍卖会

王雁南和高德明在拍卖会上

服。抬了我的庄，捧了场，这事放现在一般人都会说：张先生，这画送给您了。前面三五张拍得可以，接着就连续流拍了六七张，我在台上站着，脸全垮了下来，恨不得一下子跳下来。后来又接着拍得好了。

第一次拍卖基本上是朋友帮忙，友情制胜。同学曾文涛、毛振华、赵凯，还有股东都在。176 万元的齐白石《松鹰图》，国旅总社社长卢奋燕是下家。她是归国华侨，本是天津中学的模范老师，后来被提拔为天津市旅游局局长，一直干到国旅的总经理，是一个很豪放泼辣、有魅力的女人，很有中年女人的气势，气场很强大。卢奋燕对我有很大的帮助，是三家铁杆股东之一，首拍时她拉着日本最大的零售大老板——大荣集团的老板和几个台湾朋友来买东西。

首场拍卖让每个人都记忆犹新，甘学军说起这件事，就好像又回到了那个令人难忘的现场。“我心脏跳动加快，真的，叫价一过了百万就加快。那时候过百万就跟现在过亿一样，那种感觉，那种激动程度，现在过亿了是因为本来就能卖 1 亿元，也没那么激动。那时候一个东西能卖 100 万元，可是从来没有的。我的天哪，真的每加一次价，心脏就跳一下，自己脸都涨红了。真的，那种兴奋现在没有了，不可复制。我记得

张宗宪先生在嘉德首拍中举起 I 号牌

齐白石《松鹰图》是卖了 165 万元，加佣金就是 176 万元，很高的价钱了，之前没有这个价钱；张大千的《石梁飞瀑》卖了 195 万元，哇，没听说过，加佣金 200 多万元啦，不敢想象。那种场面让人太兴奋了，太激动了。”对于开创这个事业、打开这片天地的嘉德团队的每一个人来说，这一天都是终生难忘的。

股东里，中国建设银行广州市分行买了几件，他们从此就跟着嘉德买东西，后来买了很多重要作品，包括《毛主席去安源》等在社会上影响很大的作品，也给嘉德各方面做了很好的宣传。这些东西后来都成了广州建行的镇行之宝，他们为此做了一个珍宝馆，每次有外宾或北京领导去，第一件事就是参观珍宝馆。

首场拍卖，王雁南招商把中关村信用社招来了。中关村信用社是北京当年做得最大的信用社，资产规模达到 100 多亿元。两幅成交价打破齐白石和张大千作品世界纪录的《松鹰图》和《石梁飞瀑》都被它买走了，后来还买过齐白石、李可染的东西。这批东西现在全部在北京银行的金库里，北京银行的重要贵宾访问该行，一般都会去那里看齐白石的《松鹰图》和张大千的《石梁飞瀑》。

这次拍卖，上海博物馆的馆长马承源、副馆长汪庆正两位老先生专门从上海来买东西。他们是我一生中最敬重的两位老人，上海博物馆新馆是他们一手建起来的。他们用博物馆老馆置换了1亿多元，通过徐展堂筹措了1亿元，加上政府出的1亿元，一共用3亿元在上海市中心的人民广场建了新馆。

在筹备阶段的征集拍品期间我们也招商，找买家。有一个台湾古董商叫柯佐融，是我在秦公那里认识的，他在台湾全权代表嘉德帮我们招商，为第一场拍卖组了一个台湾团。开拍前我打着“欢迎台湾收藏家代

公司员工与张德勤局长等人合影
前排左起：作者、张德勤、王雁南、张德勤夫人、甘学军
中排：左一，胡妍妍；左二，寇勤；左三，曹丽；左四，李季；左五，吴熙华；左六，刘小和

表团”的横幅到首都机场迎接他们，觉得台湾来的团要重视。高雄景薰楼拍卖行的老板买了吴作人的油画《放排》，现在还收藏着。

第一次拍卖的油画基本上是被中期公司的田源和卢健买走了。国画、油画两场一共拍了 1 400 万元，总成交金额突破千万人民币大关，在中国艺术品市场创下齐白石、张大千个人绘画拍卖的世界纪录。首场拍卖大获全胜，轰动全国和海外。只要是在这场拍卖上买东西的买家，我们都发了一个纪念牌，叫“首次拍卖永久纪念牌”。

首场拍卖取得巨大的成功，我高兴的心情溢于言表，最让我感动的是拍卖结束回到办公室，我儿子陈奕伦高举小手拿着他写的“祝贺爸爸拍卖成功”的纸迎接我。儿子和他稚嫩的字迹，真是对我莫大的激励和宽慰，我眼泪都快流下来了，此情此景，我终生难忘。这张纸我一直保存至今。

在长城饭店对面的亮马大厦，有个萨拉伯尔韩国烧烤店，我们当晚庆祝首拍成功，喝珍露酒。珍露是韩国的清酒，我们全部喝醉了。我就在办公室的椅子上睡了一宿；甘学军在地上；摄影师小邹特老实，长得

陈奕伦画作——“祝贺爸爸拍卖成功”

挺帅，帮嘉德照相，他抱着马桶吐，吐完抱着马桶睡了，早上我醒了上厕所，他还在抱着马桶睡。

我们醉倒的时候，曹丽她们继续熬了一夜。因为当时第一次拍卖来了很多台湾人，拍完以后他们都出去玩了，到后半夜12点以后才回来结账，所以她们得守在那儿。“为了快一点结账，我和财务的曲萍把所有的单子全写好，铺了一地。”曹丽回忆当时的情景，记得还很清楚。“前面前台和后面都铺了一地，非常壮观。谁来了，我们俩就找谁的单子。排好号了，知道怎么找。两三点我们刚躺下，又有来结账的，就赶快起来。我们特高兴，1 000多万元，真的是很大的一个数字，从来没有过。那时候百万富翁已经很了不得了，1 400多万元已经是很大很大的一个金额，可以说全国震惊。”

一鸣惊人

我们第一场拍卖的成交额为 1 400 万元，一炮走红，大获成功。拍卖成功后，《东方时空》现场报道引用我的话，说“嘉德的这声槌响，预示着纽约、伦敦、北京三足鼎立时代的到来”。那时候这完全是一句祝福的话，现在已经成为现实。

那时候中央电视台的《东方时空》广受欢迎，基本上人人都要看。《东方时空》报道后，在中央电视台国际部工作的我的校友刘舜发也做了个半小时的片子，报道嘉德拍卖，在中央电视台获了大奖。当时的节目主持人是中央电视台国际部的实习生，做完这个专题片就被留下来成了正式员工，日后成长为著名主持人和播音员。

嘉德的这声槌响被新闻媒体铺天盖地地报道，除了《东方时空》和中央国际电视台的专题片，还有全球媒体的广泛报道。

我们是股份制公司，而非国有企业，这场拍卖在国内和海外都做招商和销售，不仅是全国性的，也是国际性的，这些都是媒体关注的焦点。如果说朵云轩那场拍卖在国内文物界引起了反响，嘉德 1994 年这场首拍引起的则是整个中国社会，甚至全球的反响，同时极大地引领了市场的潮流，带动了随后多家拍卖行的成立，使拍卖在国内迅速形成一个行业格局。

甘学军说：“嘉德的成立，建立了一种模式，嘉德通过自己的业务推介活动，把拍卖这个概念社会化。这种概念在社会上得到非常广泛的宣传，嘉德就成了拍卖的代名词，大家一说拍卖就说嘉德。而且艺术品拍卖成了公众关注的一个热点，因为嘉德在自己的业务、品牌推广过程中，客观上为文物艺术品拍卖做了持续的、广泛的宣传。从后来的市场发展看，嘉德对文化的推动作用是很大的。记得我当时不止一次地和媒体说过，中国的艺术品市场一定在中国，根本的一条就是，我们对本土文化传统的认知能力一定超过外国人。那时候很气人，齐白石的梅花卖不出去——倒梅、墨梅卖不出去，没有红的卖不出去。倒着画梅花，香港人不要，内地学香港，也卖不出去。黄胄的画卖不出去——画得乱七八糟的、黑乎乎的一头驴，别人不要……很多这种事情。因为那时候是海外主导市场，真正的内地市场起来以后，香港人才知道黄胄是谁，他的画为什么好。所以我们不止一次对媒体说，中国的艺术品市场一定在中国大陆。除了经济上的原因，从文化的角度讲，对本土文化的认知能力一定是本土最强。我们以前到香港、台湾，被人侧目，心里就想：你现在别小看我，将来市场一定在中国大陆。我们内心具有文化上强烈的自豪感。”

经济发展推动文化繁荣，这看似抽象的一句话被嘉德用行动证实了。艺术品市场起伏的背后是文化价值观的变化，现在由于市场的推动，海外对于中国书画艺术的认识跟以前有很大不同，这也是嘉德高起点、高定位推动的结果。

1995 年日本 NHK 电视台有个关于亚洲各国杰出人物的栏目《亚洲谁是谁》（Asia Who Is Who）来采访我，制片人是唐大堤。当年他

1994年春拍记者招待会

在飞机上的民航杂志上看到一条简短的消息，说国内有个年轻人叫陈东升，要搞艺术品拍卖，于是找到我。他很敏锐，这个消息让他认为："几十年来，中国艺术市场的严肃管制时代将结束，而这个结束的契机，恰恰是因为有陈先生这样的人，做这方面开创性的工作，才会改变和结束几十年来艺术品不能够名正言顺公开交易的历史。我就想把陈先生这样的人的存在，通过国外的电视台播放出去，把这个信息传达给全世界。"采访的时候他问我："你怎么会在这么一个困难重重、怎么分析都不太可能实现的情况下，做这么一件事情？"我告诉他：我是学经济学出身的，我们的专业手段就是经济学的专业知识，以此作为雷达或者探照灯来扫描中国当下的经济市场现状，看有没有什么地方还是盲点。无疑，公开的艺术品市场，尤其是拍卖，是一个巨大的盲点，我就不假思索地扑上去了。节目于1995年10月30日在日本播出，题目是

《中国艺术品拍卖市场的操盘人陈东升》。

抓住时代的机遇，我们成了时代的弄潮儿。当时央视记者的预言今天实现了。纽约、伦敦、北京三足鼎立的格局代表着中国文化的重要性在国际上的极大提升，我们有幸在这方面做出了应有的贡献。

罗中立《春蚕》

1982 年，布面油画，
216 cm × 140 cm，
泰康收藏

成长

齐白石《蕉屋》(局部)
设色纸本，180.5 cm×48 cm，
1994年秋拍成交价：RMB 2 970 000元

天价齐白石

嘉德首拍成功后，在拍卖现场，何新介绍我认识了一位白发苍苍的老人王力，也是收藏家。他告诉我还有一个更大的收藏家辛冠洁先生，

作者为辛冠洁颁发聘书

齐白石《松窗闲话》
设色纸本，1994年秋拍成交价：RMB 1 980 000元

说他是齐白石收藏世界之王，天下第一。于是我和王雁南一起来到辛老家，我一辈子都记得那时候的情形，辛老爱喝茶，桌上有一套非常讲究的紫砂茶具。

辛老是大收藏家，爱画是出了名的。“文革”的时候他的很多字画都是由儿子带着下乡，放到屋顶上偷偷藏下来的，保存下来很艰难，一家人都有功劳。我们带着聘书邀请辛老做嘉德的顾问，辛老很高兴，非常支持我们办中国人自己的拍卖行。当然，我们想拿到他的齐白石收藏，可辛老哪一件都舍不得卖。去了好几次，他被我们磨得拗不过，有一天拿出来两幅齐白石书的大条幅山水：《蕉屋》和《松窗闲话》。两张大画一挂，我问估价多少，辛老说 20 万美元。辛老不想驳我们的面子，又不舍得让我们把画拿走，就想开个高价把我们吓跑。那时候大家觉得最多能卖 60 万元到 80 万元人民币，就是 10 万美元，他要 20 万美元，没人敢买，之前所有来要画的人都是被 20 万美元吓跑的。我那时真是初生牛犊不怕虎，当场拍板：拿走！还有一幅《山水册页》，一共三件。

1994 年 11 月的秋季拍卖会，就是嘉德成立后的第二场拍卖，辛老的三件齐白石作品都上拍了。辛老亲自到现场观看，一是支持我们，二是打算拍完了好把这几件带回家去。没想到三件齐白石作品都卖出了天价。《蕉屋》回顾安南之行，颜色很漂亮，香港的罗先生很想买，让我帮他举牌。我们商量好，他手上拿一本书，关上就表示不要了，不关我就继续举。刚开始做拍卖我经验很少，紧张，在现场争起来，他书都关了，我还多举了一口。但是最终以 297 万元落槌，被阳光公寓的老板买走了。《松窗闲话》也拍出 198 万元的高价。《山水册页》是齐白石 1931 年秋天为著名碑帖鉴赏收藏家文素松画的，共十二开，每开 34.5 cm × 35.5 cm。20 世纪 50 年代这本册页在欧洲展览，据说毕加索看后慨叹“这才是真正的印象派”。如果说如今收藏在刘益谦的龙美术馆的《可惜无声》是

齐白石《山水册页》
设色纸本，34.5 cm × 35.5 cm × 12，
1994 年秋拍成交价：RMB 5 170 000 元
2011 年秋拍成交价：RMB 194 350 000 元

MAISON DE LA PENSÉE FRANÇAISE
2, RUE DE L'ÉLYSÉE
PARIS-VIIIe
81
les Cormorans
CHI- PAI SHIH

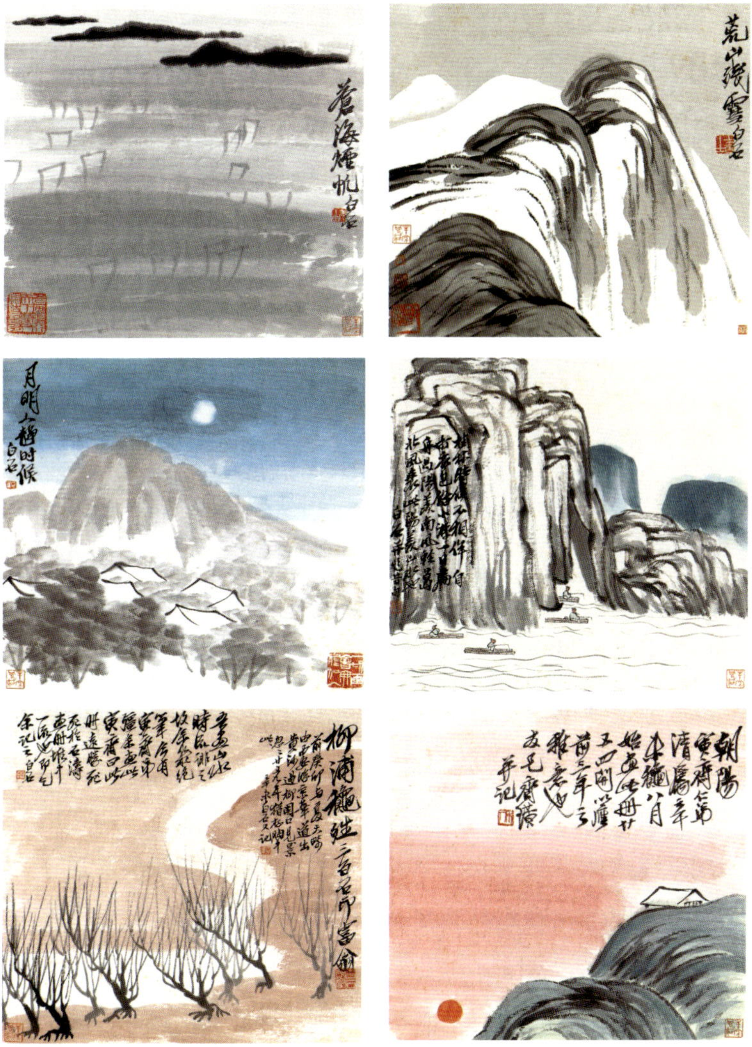

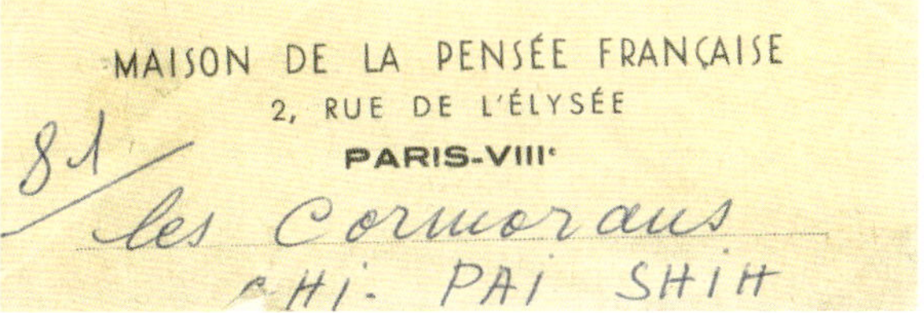

《山水册页》20 世纪 50 年代在法国巴黎展览时留在画作背后的标签

齐白石花鸟册页之最的话，辛老这本《山水册页》堪称齐白石山水册页之最。这场拍卖中《山水册页》拍到 517 万元成交，刷新春天首场拍卖会刚刚创下的齐白石作品拍卖纪录，再创当时中国书画拍卖纪录的新高。17 年后的 2011 年，这三件宝贝又同时出现在国内拍场，《山水册页》在嘉德以 1.94 亿元人民币成交，上涨 37 倍；《松窗闲话》在中贸圣佳以 3 000 万元拍出；《蕉屋》在翰海拍得 9 000 万元，再创佳绩。

1994 年三件作品卖了 1 100 万元，简直像个神话。现场的辛老看着自己的宝贝以如此高的价格被别人买走，又激动又心疼，百感交集，潸然泪下。所有人都认识了辛老，他太骄傲了，跟我说："东升，我支持你们，每次给你拿几件，一定打败索斯比、佳士得。"但我们知道他一件都不会再给了，辛老的夫人和儿子也不允许他再卖了。后来听说，回到家想想宝贝再也回不来，老人家又一次伤心落泪。第二天早上巡视他的众多收藏时少了三件宝贝，泪水再一次顺着面颊流了下来。辛老三哭齐白石，让我们看到一个真正的收藏大家对艺术的至爱真情，由衷地感谢辛老对我们的支持！

那时，天生的商业头脑让我知道，嘉德要想成功，一定要做到：谁家里有东西想拍卖就要来找嘉德。怎么做到呢，于是我们策划和制造了一系列轰动的故事来奠定品牌基础。第一次场面大，气魄大，成交额突破千万元，齐白石、张大千书画拍卖价破世界纪录，别人对嘉德的成功将信将疑；秋天第二场拍卖的成功又一次展现了我们的能力，从此嘉德运作大作品、高价格的形象地位确立无疑。

庆一《春天来了》
34 年，布面油画，170 cm × 189 cm，泰康收藏

天安门宫灯

“小拍”最初的定位并不是拍卖文物艺术品，而是社会闲置物资，私人的和企业的都有。本是想给嘉德留条后路，却也产生了轰动世界的故事，至今小拍历经二十多年，令人难忘的最经典的故事还要属天安门宫灯拍卖事件。

1949 年 10 月 1 日，自毛主席在天安门城楼上宣布中华人民共和国成立之时起，天安门这座建筑就具有了无与伦比的象征意义。除了建筑本身，同时见证开国大典的物品一样具有重要象征意义，比如当时升起的那面五星红旗，城楼上的国徽，毛主席讲话时的话筒，他穿的衣服，以及八个红色的巨大宫灯。国徽钉在墙上拿不下来，那面五星红旗和话筒现在在国家博物馆。可惜的是，毛主席那套服装，当时送给了李银桥，李银桥觉得肥，给改小了。剩下的就是宫灯了。

开国大典的宫灯一共有八个，用铁棍和竹皮做框架，外面的红布几年一换。一般活动结束后，工作人员把宫灯用吊车吊下来，运到郊区仓库里放着，再有活动运回来，红布一换，灯笼崭新。1994 年国庆时，天安门宫灯开始采用新式灯笼代替原来的八个旧式宫灯。新换的伞式灯笼里面有钢筋和弹簧，一撑就是灯笼，一收就是一把伞，比较便于使用和储藏，从此开国大典那八个宫灯就被更换了下来。

当时我们小拍部门里面有个人叫尚林，人高马大，有些迂腐，但是很勤奋。他听人说有画家曾经给天安门捐画，就去问，有一天他问我们的团队成员寇勤，可否说服天安门管委会把开国大典的宫灯拿出来卖。当时北京市搞扶贫，每个单位都要给郊区扶贫，天安门管委会需要筹集几十万元给郊县老百姓打两口深井。我觉得开国大典的宫灯很有纪念意义，是个文物，通过拍卖一定能成功。于是我们给他们出主意：八个宫灯，天安门管委会自己留一对，送一对给中国历史博物馆，送一对给中国革命博物馆（后两馆合并为中国国家博物馆），剩下的一对卖掉。

天安门管委会知道筹钱之艰难，虽然打井需要很多钱，但也只打算能卖回 20 万元就行，就这样跟寇勤谈好底价 20 万元。那时粤海集团刚刚买下北京华侨饭店，副总经理孙观和李立桂是我的好朋友。我找到他们说，开国大典上的宫灯要拍卖，底价 20 万元，如果他们买来挂在华侨饭店大堂里，宣传作用会很好。他们也觉得很好，就答应了。有了下家，我心里有底了，就开始运作。

当时嘉德本已处境复杂，开办“小拍”为打擦边球，要拍卖开国大典的宫灯特别怕人家说闲话，我们就想了很多办法给自己制造正面舆论。有一天，一对父子来嘉德拜访寇勤，父亲是寇勤的朋友，某电台的负责人，谈话中寇勤提到要拍卖宫灯的事，儿子是《北京青年报》的实习记者，在一旁听他们聊天。没想到第二天这年轻人就写文章在《北京青年报》上把这事登出来了。文章一登，新闻界就炸开了，上海《文汇报》发文章说拍卖宫灯是有争议的。不仅国内媒体，外国媒体更关心，路透社、美联社天天有人跑到嘉德来询问。

媒体的消息也引来了买家，拍卖之前有一个买家跟我们接触，是中

在朝阳体育馆外的天安门宫灯

华百亭鱼乐园的，老来找寇勤。百亭鱼乐园是一个宁波的开发商搞的房地产项目，要盖一百栋别墅，每栋别墅都像一个度假村，院里有一个湖，可以坐在窗户里钓鱼。那时候老百姓家家都看中央电视台《新闻联播》后面的天气预报，天气预报收视率特别高。节目里预报每个城市天气的时候都有张背景图片，其中就有北京的中华百亭鱼乐园。这地方现在是北京旅游广告学院，当时我去看，觉得那里很大，一进去有座建筑很像天安门，还有姜太公钓鱼的雕塑。中华百亭鱼乐园跟我们接触的人叫宣国宜，是全国人大代表。除了他们，国安广告公司也想买宫灯，不过他们神神秘秘的，不跟我们接触。

买家有了，但是遇到了更大的困难，文化部怎么也不批。说拍卖开国大典的宫灯风险太大，寇勤、甘学军跑了无数趟跑不下来，卡在司长那儿。我们就去找章津才问，文物鉴定委员说这宫灯不够 60 年，不是真正的文物，是现代文物。又让我去找陈兴宝，他是市场处处长。到了最后关头，星期天就要拍了，星期六我跟市场司的副司长打电话，他说

天安门旧宫灯拍卖专场

你们拍吧。

拍卖前，一方面，我们为了减少麻烦，给自己造舆论；另一方面，能拍成什么样，我们心里其实没数。结果拍卖当天人气爆棚了，拍卖桌上堆满了话筒，起码来了几十家中外媒体的记者。下午两点拍卖开始，场内气氛非常凝重，寇勤宣布拍卖规则，高德明开槌从无底价开始。粤海集团的人一下举牌叫到 20 万元，马上就被 50 万元、80 万元盖过去，竞争很激烈。七八个买家争到 800 万元以后就剩下中华百亭鱼乐园和国安广告两家了，他们一直咬到 1 380 万元，被宣国宜买到。成交价格远远超出我们之前预想的 200 万元，本来我们觉得最多到 500 万元。而且整个过程太快了，从无底价到 1 380 万元用了不到 7 分钟，出乎所有人的意料。场内凝固的气氛笼罩住每个人，拍到 1 380 万元时，我坐在后面，心里一直在说：疯了，疯了。

刚一落槌，所有的记者立即蜂拥扑向宣国宜，把他围了起来。好笑的是拍卖师高德明，一秒钟前他还是整场的焦点，一秒钟后突然整屋子的人都涌向宣国宜，把他甩在一边。他一个人站在那里，形单影只，一副茫然的样子特别滑稽。宣国宜不理媒体，带上几个保镖就跑了。坐在后排的国安广告公司那帮年轻人没有买到，也跑了。我后来才知道他们是代表顺峰来买的，顺峰是那时候北京最火的餐饮企业，他们的想法跟我的一样，想买宫灯去挂在门口招揽生意。上了奔驰车呼啸而去的宣国宜在车上给寇勤打电话，让寇勤放心，说半个月后一定付款。

宣国宜他们一走，大家围住我要采访，我脑子里还是一片空白，一切都发生得太快了。最后记者说：这样吧，你就说一句，天安门宫灯成功拍卖是最好的爱国主义教育。就这么一句话我说了五遍才把它说清楚。1 380 万元，连我都接受不了，还怎么说呢。在 1995 年，1 380 万元再加 10% 的佣金是 1 500 多万元，那时候即便是大拍，哪有一个标的过千万的？

这事太轰动了，所有的媒体都要大篇幅报道，但是被北京市压下了。当晚就只有新华社对外部发了消息，《东方时空》第二天早上把新闻播出去，第二天北京所有的报纸都没有宫灯拍卖的消息。具有历史意义和极富象征意味的东西被拍卖往往都会引起社会极大的关注，1995 年嘉德“小拍”以超级天价成功拍卖两盏天安门宫灯的事，通过中央电视台的《东方时空》瞬间传遍世界，引起巨大的反响。那时处在经济改革初期，大多数习惯于政治性思维的人对市场、商业所代表的经济改革尚存质疑的时候，宫灯的象征意义很容易让这个纯商业的活动带有政治色彩。“共产党还没有沦落到把开国大典的宫灯拿出来拍的地步吧，是不是明天把红墙也拿出来拍了？”质疑之声一片。

当天拍卖完，知道轰动了，我又开始担心。第一件事是赶快保护宫灯，拍卖前我们觉得它们没准儿还不值 10 万元，说不定卖不出去，就只在朝阳体育馆外用建筑用钢管搭了架子把宫灯吊在那儿。现在 1 500

万元的宫灯还在露天挂着呢，万一谁冲灯笼丢一块砖头不就出大事了，这可不行。我赶紧让寇勤找长城饭店帮忙，请了公安和武警战士连夜守候在那儿。第二件事更吓人：万一宣国宜不付款，那……

之前一直是寇勤跟他来往，我心里没底，决定当晚赶去温泉乡。一路颠簸，天蒙蒙黑的时候我们到了国防大学附近的一个工地，感觉那里就像阿房宫，一个好大的工程。走到姜太公钓鱼的雕塑旁边，见有人用刨花烧了一堆火，很多人蹲在周围吃盒饭。宣国宜看见是我，说："陈老板放心，我一定付你钱。"他铿锵有力地讲了两句话："我买这个东西就是要让全中国人民知道我们的现代文物是值钱的，我要让全世界人民知道中国人民是有钱的！"我一听，傻了，原来心里忐忑，他这么一说，突然让我觉得无地自容，暗骂自己心胸眼界太窄，担心人家不付钱，哪里想到人家有这么伟大的胸怀。我于是赶忙说了些感谢的话，商量了一下什么时候把宫灯送过来，搞一个盛大的仪式，谈完就回去了。

他们如期付了款。拍卖结束后大概一个月，由寇勤安排，我们用了三辆警车、两辆东风卡车，敲锣打鼓，披红挂彩，很隆重地去送宫灯。还没到地方，远远地就从温泉乡那边传来阵阵锣鼓声：他们请了几百人的腰鼓队，现场尘土飞扬。大气球挂着巨大的条幅，上面写着"请全国人民放心，保护好天安门国宝宫灯，让开国大典代代相传"。什么叫人民？这就是人民。什么叫土地？这就是土地，我当时很受教育。中华百亭鱼乐园的老板也来了，我才知道宣国宜原来不是真老板，真正的老板是宁波国际信托投资公司的董事长兼总经理吴彪。他看上去很年轻，却已经秃了头。吴彪和我，还有天安门管委会负责人，三个人一起主持了一个隆重的交接仪式。

刘春华《毛主席去安源》
布面油画，220 cm × 180 cm，
1995 年秋拍成交价：RMB 6 050 000 元

《毛主席去安源》

《毛主席去安源》是“文革”早期的著名油画，“文革”中在中国革命博物馆展览受到大家推崇，曾经风靡一时，可能是“文革”中被印成宣传画最多的油画，还被做成相章等各种形式，在全国真是家喻户晓，老少皆知。就像创作《黄河颂》的陈逸飞年仅26岁一样，这幅画也出自少年英才之手。《毛主席去安源》是刘春华画的，当时他只有24岁。因为反对个人成名成家，“文革”中的文艺作品都是不能署名的，所以这幅画创作完署名为“北京院校学生集体创作”。但在这幅画轰动之前，也有人说这画不好，刘春华不愿改，宁愿承担巨大的风险，就在“集体创作”后面又加上“刘春华执笔”的署名。这也是我后来知道的。

我在嘉德刚成立的时候就想拍卖《毛主席去安源》，我有种预感，这幅画会被写进历史，拍卖它肯定会是一件很轰动的事。就像基辛格第一次秘密访问中国，他的助手温斯顿·洛德很聪明，意识到这是书写历史的时刻，在飞机快到中国的时候，他跑到机舱前面跟人家聊天，坐在机舱前面，门一打开他成了1949年以后第一个进入中国的美国官员。

刘春华原名刘成华，宣传时名字登成刘春华，他就改叫刘春华了。

嘉德成立的时候他是北京画院院长，是嘉德最早聘请的顾问之一。他一直很高兴能给嘉德做顾问。

因为《毛主席去安源》是一幅家喻户晓的油画，行里更是无人不知。不仅嘉德想要，荣宝拍卖行也在打这幅画的主意，北京画院的刊物《中国画》的刊号是荣宝斋给的，刘春华觉得欠荣宝斋人情，所以左右为难。当时嘉德已经迅速崛起，1994 年、1995 年卖过 300 万元、500 万元的拍品，荣宝拍卖行成立时间短，我又天天去找他，最终他决定把《毛主席去安源》给我们拍。

就这样，1995 年夏天我拉高园去刘春华的办公室签了合同。我们有个印度尼西亚客人喜欢收藏油画，他买过毕加索等西方艺术家的作品，那时跟我们关系很好，他是这幅画的下家。拍《毛主席去安源》之前我们到新加坡去巡展，我一讲这幅画他就听进去了。秋天拍卖的时候

刘春华与作者签订拍卖委托合同

他在日本用电话竞标，我代表他举牌。还有建设银行在举牌，他们两家一直在争，他并不想放手。我那时候不愿意这画流到国外去，怕后续会有什么问题，就一直跟他说场内有个人志在必得，看起来他不想放手。他说等等，再加。我每次问举不举，他都说再加，一直举到550万元，他说算了。电话挂了，这画终于没有流到国外去。这件作品一下拍了550万元，加上10%的佣金55万元，一共605万元，超过了齐白石作品的500万元。那时候的605万元相当于现在的三四亿元，轰动了全球。《纽约时报》采访我的文章上同时刊登了这幅油画的照片。

这画拍卖成功完全是我一手安排的，刘春华非常感激。他当时交足了税，在亚运村买了一套四居室的大房子，艺术家终于有了属于自己的大画室，实现了多年的心愿。拍卖越是成功，影响就越大，招来的关注也越多。《毛主席去安源》拍卖成功在市场上很轰动，也给刘春华招来了一场同样轰动的官司。1998年中国革命博物馆起诉质疑刘春华的所有权，说他非法占有处置国家财物，刘春华反诉他们侵犯他的著作权。又有人说这幅画是集体创作，质疑刘春华的著作权。

在20世纪90年代中期，挣到600多万元，多少人会眼红，想看到他出丑闻，各种压力弄得刘春华一夜之间头发全白了。打官司过程中，寇勤跑去北京市第二中级人民法院，主动要求参加诉讼，因为这画的买家和卖家都被告了，意味着交易是违法的。审判长是个女的，说："行了，寇总你别捣乱了，我的案子还没搞清，没告你你来干吗？"碰到这么大的官司，刘春华也有些晕了。寇勤让他写一封申诉信，给所有的中央领导、北京市领导、高院、检察院每人一份，说明这幅作品没有争议，没有问题，只要没有行政干预，就可以接受公正的裁判。事后证明，这是这场官司中对刘春华最大最重要的帮助，后来中央电视台播了十几次，没有一个领导出来签字、批示。这场官司持续了好多年，直到2004年才判决认定刘春华是该画唯一作者，享有著作权。中国革命博物馆从发还这幅画给刘春华到起诉，时间很长，超过了诉讼时效，中国革命博物馆败诉。

重要的是，拍卖时我有政治敏感性，反着做工作，这画没有被印尼客人买走，而是被中国建设银行收藏，属国有资产，也成了中国建设银行的镇行之宝，时任行长王岐山志在必得的决定在今天看来是多么有远见啊。

徐悲鸿《九州无事乐耕耘》
设色纸本，150 cm×250 cm，
1996 年秋拍成交价：RMB 1 925 000 元

张先《十咏图》

嘉德做事规矩，在嘉德买东西不用操心，做生意很轻松。我们按市场规矩办事，常常也显得缺乏人情和江湖义气。这 20 多年，很多国宝级的艺术品都是经嘉德拍卖流入市场，有的被国家级博物馆或有实力的大藏家收藏，有的后来再一次或几次在市场上拍卖。当然，也有好东西与我们失之交臂，有一件就让我始终无法忘怀。

（北宋）张先《十咏图》（局部）
绢本淡设色，画心 52 cm×125.4 cm

溥仪当年带了很多东西出宫，新中国成立后，这些东西就流散到东北各处，在文物行里“东北货”就是指这些东西。1995 年有一个人拿了件“东北货”找到嘉德，来人姓王，他祖辈曾是溥仪的卫队长，他们家有四五个卷子，有《乾隆南巡图》，还有陈白阳的花卉手卷。他认识一个东北老头，有一件“东北货”，说是北宋张先的《十咏图》。他来找我，想让我们以 400 万元买下，一直跟我谈到中午，让我借他 200 万元，他自己再去筹 200 万元。那时我正琢磨着把杨永德收藏的齐白石作品弄到国内拍，杨永德让我先付 1 500 万港元做保证金，我没犹豫就答应了：“行，没问题！”可真到银行借钱的时候，谁都不借给我，我又没有抵押物。最后没办法，田源的中期公司给我做担保，银行才借给我 1 500 万元，没有这担保，借不到钱就拿不下这场拍卖。把杨永德收藏的齐白石作品弄到国内是我的策划，目的是让海外文物回来拍卖，促成第一次大面积文物回流，为国家吸引文物瑰宝。这场拍卖无论对嘉德还是整个拍卖行业都意义重大。

当时我的精力全在筹备“杨永德藏齐白石书画专场”上，哪有心思顾及这件“东北货”。还有我那时入行不长，不知道北宋的这件东西到底有多么值钱，没有这个文物的相关知识。这个人留下《十咏图》的照片，我让甘学军拿给刘九庵看，他没认可，又准备拿给徐邦达看。东北人找我谈借钱的时候，甘学军还没有拿去给徐邦达，我判断不了，也就没有同意。谁知他扭头就去找了秦公，秦公是文物专家，拉着他立刻就去了徐邦达家。徐邦达一看说，这是国宝！秦公就把它收下来了。

张先是北宋人，暮年的时候翻阅父亲生前诗作，诗中的描述触动了他，出于对父亲的怀念创作了这幅《十咏图》。这是一幅山水人物画，建筑楼阁有花草树木掩映，小亭栏杆曲折相应，环境幽雅，气象恢宏，有童仆相伴的主要人物儒雅风流，气氛轻松愉快，呈现一派太平盛世的景象。张先的绘画，这是有文献记载的唯一一幅，文献价值极高。这画流传有序，后被清宫收藏，《石渠宝笈·续编》有著录，上有乾隆、嘉庆、宣统印章无数，被溥仪以赏赐溥杰的名义带到长春，伪满政权覆灭时丢失。1995 年秋天，这幅画在拍场上被举到了 1 900 万元。

这是嘉德成立以来我遭遇的一次“滑铁卢”，从此翰海的古画拍卖就发展起来了，而嘉德擅长拍现代书画，这一幅画决定了书画市场此后多年的格局和划分。我永远记得那一天。1995 年 10 月 3 日晚上，翰海张先的《十咏图》拍了 1 900 万元，现场轰动了。我很好强，与这幅画失之交臂让我特沮丧，好像吃到嘴里的宝贝又被我吐出去了。那天我正郁闷地开着一辆沃尔沃，漫无目的地行驶在长安街上，正当路过天安门的时候突然接到一个电话，说：“东升同志，今天中国人民银行党组通过了泰康人寿的创办申请。”当我最沮丧的时候，上天给我送来一个大家今天都知道的礼物。看来人在最困难的时候，上天也会突然关照你。

李可染《万山红遍》
设色纸本，75.5 cm × 45.5 cm
2015 年秋拍成交价：RMB 184 000 000 元

石涛《高呼与可》

故宫从嘉德买过三次珍贵文物：石涛的画《高呼与可》；隋代的书法《出师颂》；朱熹的《春雨帖》，张栻的《佳雪帖》、《新祺帖》和《桑梓帖》等书法手卷。故宫还从翰海买过两件，从中贸圣佳买过一件，即从日本回来的米芾的《研山铭》。当年拍卖界出了这些国宝级的文物字画，被故宫买走，嘉德卖出的文物中最有意思的是故宫从嘉德购得的第一件文物，这也带出了天津大姑的故事。

嘉德开始拍卖的第一年，也就是 1994 年，一个天津老太太拿着一幅石涛的《高呼与可》手卷来嘉德。我们的专家说东西不错，给估了 50 万元，老太太一听卷起手卷就走了。过了一年她又来了，这时候我们已经懂了，知道那是国宝，也对老太太好得很，她也高兴把东西委托给我们。我问她："你怎么去年走了今年又回来了？"她说："你们不是中国的、国际的吗？所以我还是来找你们呀。"后来她跟我们成了好朋友，拓晓堂跟她最熟悉。人家有名字，我们怕别的拍卖行知道了把生意挖走，就给她起了"天津大姑"的代号，一说代号大家就知道来的是谁了。大姑是原民国代理大总统冯国璋的外孙女，她的公公胡若愚是张学良的

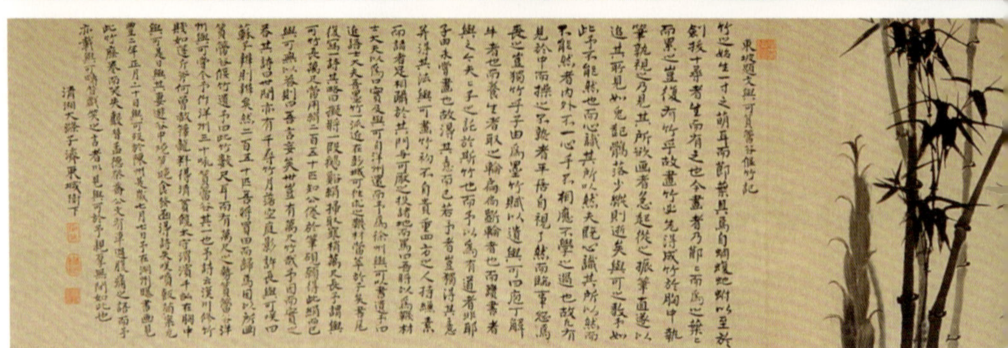

石涛《高呼与可》
水墨纸本，40 cm×517 cm，1995 年秋拍成交价：4 730 000 元

把兄弟，从前当过北京市副市长、青岛市市长，西安事变后他就赋闲在家了。他们家是个大户收藏家，家里有三件国宝，包括宋刻本、宋缂丝。1995 年秋天这件《高呼与可》图卷落槌价是 430 万元，买家未付款，最后被故宫购藏。

石涛是明末清初中国画坛“四僧”之一，最有创造性。他本是明靖江王后裔，明朝覆灭以后削发为僧到处流浪，游历群山大川。国破山河在，搜尽奇峰打草稿，也蒙养形成了他自己独特的绘画艺术风格。石涛对后世画家影响极大，扬州画派、张大千和傅抱石都学石涛。

“与可”是北宋画竹子最好的文人画家文同的字，成语“胸有成竹”就是从他画竹而来的。他喜欢竹子，在家周围种了很多竹子，不管什么

季节、什么天气，他都长期细致入微地观察竹子，所以他画的竹子最有生气。他的朋友题诗赞叹："与可画竹时，胸中有成竹。"

为什么叫《高呼与可》呢？石涛说他画竹子可以跟与可媲美了。那是一幅特别长的竹子手卷，画的竹子墨气淋漓，好像刚下过雨后的竹林，我一辈子都记得，太棒了！卷中行书："老夫能使笔头憨，写竹犹如对客谈，十丈鱼罾七寸管，搅翻风雨出莆龛。"石涛以绘画对话古人，通过画竹对话与可。

大姑后来也给了我们一些其他的拍品，我们卖的很多瓷器都是她拿来的。那年秋季的第一场瓷器拍卖会上有一对道光时期的官窑瓷器，那时候道光时期的瓷器大概值 5 万元，但是这件卖了 50 万元！那对瓷器

王雁南、胡妍妍陪同朱家溍、王世襄、单国强鉴定拍品

就是这个老太太家用来装米的，“文革”时怕被人抄了，上面涂了绿油漆。陈连勇看了觉得不错，拿回来把漆洗掉，底价 5 万元，结果创了道光官窑的要价纪录，卖了 50 万元。后来她还从家里拿了一个康熙的斗彩杯来，有人说是假的，但我们知道这是她家里老早有的，后来被一个大藏家以 170 万元买走了，这都是 1995 年的事。

朱家溍老先生跟我讲故事，看历史变迁，他是朱熹正宗的 25 代嫡传后裔，朱熹后代也有当叫花子的，后来开始发奋读书，当官发财。世变时移，一样的轮回。当年总统的后代家人今天都做着不同的工作，大姑有五个女儿，有的当小学老师，有的是街道办事处干部。这张《高呼与可》手卷在“文革”时曾经被抄到天津博物馆。1995 年卖了近 500 万元之后，大姑给五个女儿一人买了一套房子，自己买了一套公寓。

美术馆与博物馆的概念完全是西方的舶来品，英文 museum 最早的含义是“缪斯的神殿”，是西方人表达信仰与寻找精神给养的神圣殿堂。现代意义上的美术馆与博物馆被西方人赋予这种宗教性的特质，使之成为除教堂之外另一种意义上的教堂。美术馆与博物馆收藏的文物艺术品是核心，供给人们欣赏艺术，享受生活，是高层次的精神活动场所。因此现代西方的美术馆建设受到每个发达国家的高度重视，像法国的卢浮宫、美国的 MoMA 和大都会艺术博物馆在一定程度上都成了国家文化的象征。

我们的悠久历史使可供博物馆收藏的国家级文物艺术品极其丰富，足以让这些国际一流博物馆垂涎不已。国内的美术馆、博物馆以前都是国营的，文物藏品的来源主要靠国家调拨、考古发掘、民众捐赠。在市场经济条件下，传统渠道不再像以前一样发挥作用。跟各行各业一样，中国的博物馆业几十年来在变革中求发展，整体上还处在一个非常需要得到国家和社会各界支持与扶持的阶段，包括相关政策上的支持。在这方面，嘉德这块实验田确实起到了非常重要和积极的作用，比如国家优先购买政策的出台等。在为博物馆增添国宝方面，嘉德率先为博物馆收藏文物艺术品开辟了一条新的征集渠道，虽然这在国际上是一种非常普遍合理的方式，但在国内，在改革之初，这样的尝试开了先河。拍卖行征集到的文物艺术品补充了博物馆收藏的空白，故宫率先从拍卖会上买东西也是敢于开拓和富于创新精神的。

傅抱石《丽人行》

郭沫若纪念馆有个常年活动——“银杏树下”，通过活动我们认识了郭家姐妹，郭庶英与郭平英。郭平英是郭沫若的小女儿，是郭沫若纪念馆的馆长。1996 年秋季拍卖会，两姐妹做主拿出傅抱石的《丽人行》和徐悲鸿的《九州无事乐耕耘》给嘉德拍卖，它们成了这年秋季拍卖会的扛鼎之作。

《九州无事乐耕耘》画的是九州耕田，相安无事，徐悲鸿把它赠送

傅抱石《丽人行》(局部)
设色纸本，61.5 cm×219 cm，
1996 年秋拍成交价：RMB 10 780 000 元

给了参加第三次世界和平大会归来的郭沫若先生，歌颂和平。拍卖卖得不错，2011 年再拍时以 2.6 亿元的价格被新疆的孙广信收藏。

傅抱石是 20 世纪杰出的国画大师，原名长生，号“抱石斋主人”。他因有感诗人屈原“抱石怀沙”沉坠汨罗江的伟大品德和悲壮结局，给自己取了这个号缅怀诗人。傅抱石的“抱石风格”非常独特而鲜明，是他穷尽一生探索追求艺术形成的，境界极为高雅。1959 年，他和关山月一起为人民大会堂创作了《江山如此多娇》巨幅山水画，更增加了他的盛名。

傅抱石的仕女画很受市场追捧，这类题材是傅抱石在抗战爆发后到了四川才开始创作的。《丽人行》是 1944 年他住在重庆时期的力作，是他自己最欣赏的作品，也是仕女画中的代表作。《丽人行》场面宏大，以诗圣杜甫的乐府诗《丽人行》为题材，描绘了众男女随杨贵妃出行，漫步长安郊外水边的盛景。画里人物众多，包括奸臣杨国忠在内共 37 人，真的是竭尽心血之作，画家自题“长安水边多丽人”，“态浓意远淑且真”。徐悲鸿看了赞不绝口，在画的一边挥毫题跋“乃声色灵肉之大交响”；另一边是国画泰斗张大千题的“开千年来未有奇，真圣手也”。

左起：作者、郭平英、郭庶英、王雁南在预展现场

三位艺术巨匠合笔真是太难得了，这幅画绝对是世间绝品。

1996 年秋拍之前，国内的媒体就极为关注这件作品，有很多报道。拍卖现场《丽人行》拍了 1 078 万元，成了国内现代书画第一次突破千万元大关的拍品，创了世界纪录，轰动整个艺术品拍卖界。

嘉德 20 多年卖了太多重要东西，留下了太多故事。

傅抱石《蝶恋花》
设色纸本，167 cm×84 cm，
2018 年秋拍成交价：
RMB 133 400 000 元

王世襄收藏专场

王世襄先生是国内著名的大收藏家、大鉴赏家、大学者。为什么说他“大”呢？因为一般来讲，收藏家和鉴赏家都收藏传承有序或有著录的文物，总之都是重要的东西。王先生跟别人不一样，他玩的都是市井小物，有点像国画界的齐白石，画的都是老百姓家里的瓜果梨桃、花鸟虫鱼，是大多数文人看不起的东西。了不起的是他跟齐白石一样，边玩边研究，最终使这些市井小物登上了大雅之堂，变大俗为大雅。他因此被称为“京城第一玩家”，所以我说他是大家。

王老能讲一口流利的英文，别人都以为他是出国留学过的，其实他从小在北京长大，上外国学校，从小跟洋老师学的外语。他家里是书香门第，在家请先生给他讲中文，讲古文，所以他汉语学得特别好，大学上的国文系，后来在故宫工作过。家长都望子成龙，现在很多家长把孩子送去私立学校、双语学校或者国际学校，花很多钱想让孩子把外语学好，同时也最好别忘记把汉语学好，这很重要。王世襄先生在五六十年代受到不公正对待，被迫离开故宫。

王世襄夫人袁荃猷抚琴一辈子，王老听她弹琴几十年，老太太

王世襄、袁荃猷夫妇

2003 年病故，王老悲痛不已。夫人去世前，他们共同决定把夫妻俩一起收藏的古琴、铜炉、佛像、家具、竹木雕刻、匏器等 143 件文物拿出来拍卖，才有了嘉德的“俪松居长物志——王世襄、袁荃猷珍藏中国艺术品”拍卖专场。当时整场拍卖底价不到 2 000 万元，结果这场拍卖非常成功，成交率 100%，成交额达 6 300 余万元，轰动全球，具有世界影响力。正是这个专场把杂项的价格提上去了。

我办嘉德请王老做顾问，经常找他鉴定文物，也请他做过讲座。这场成功的拍卖是王雁南一手操办的，陈连勇做了大量具体工作。嘉德做了很多工作，拍卖之前专门办了一个展览。展览现场来宾们都翘首等待王老亲临，但他年事已高，未能出席开幕式，亲笔写了封致谢信，由田家青先生，也是他的学生代读了。这个专场的名字叫“俪松居长物志”，“俪松居”是他和老伴书斋的名字，“长物志”的意思是说“展出的不过是些身外之物而已”，足见王老对“文物收藏贵在精神”的精辟

作者向王世襄敬酒

诠释和不二境界。

王夫人一生琴艺极佳，她的琴声陪伴了王老几十年，在拍卖现场，我们还播放了一段古琴演奏录音，是请郑礼中先生给录的，这在以前的拍卖会上是没有过的。“老伴过世了，他其实特别难过，但是东西拍得这么好，王先生特别开心。他一直觉得他从前几次受到打压，虽然一生对文物事业做了很多贡献，但是被迫离开故宫的事一直没有得到一个公正、公平的说法。”王雁南对那场拍卖至今印象深刻，“这次他的东西卖得这么好，现场很多人都是他的读者，特别一些年轻人就是受到他的书的启蒙开始收藏的。他们什么东西都买，就连从来不收古董的人都来买他的东西，花高价钱买，所以他心里特别高兴，好像得到了社会的承认，得到了民间的承认，一说这个他就笑得特别开心。在王先生晚年，这是一件令他很高兴的事。”这场拍卖中有20具铜香炉，卖了大概1 100万元，卖疯了。后来这批铜香炉2010年再一次出现在匡时秋拍中，成交价9 844.8万元，很多买家就是冲着王老的名字来的。

熟悉王老或者去过王老家里的人都知道，王老一般不愿跟人照相，不愿给人签名，在门上贴了“三不许”的字条。王总有一次去他家想跟王老照个相，寇勤想起门上的“三不许”，说：“王先生说不许照相。”王老很幽默地说：“‘三不许’不是给你们看的。”

尊重老专家是嘉德从创建时就始终遵守的重要原则，这也是我们外行闯入能够成功的关键因素。嘉德在赢得老专家的信任和肯定的同时，得到了他们巨大的帮助，我要在这里感谢所有曾经帮助嘉德，以及与我们合作过的文物艺术品专家和前辈，感谢你们给予嘉德的大力支持！

杰出团队

1993 年 5 月 18 日举办开业庆典的那天，嘉德一共有 7 个正式成员。我 36 岁，王雁南比我大 3 岁，甘学军 31 岁，还有寇勤、高园、曹丽和赵宜明，都是年轻人。我们年轻气盛，怀揣着对新兴行业未来发展的憧憬，放弃了各自的铁饭碗一起下海。在我早年的创业过程中，老乡、校友形成了一个核心人脉基础，起到非常大的作用。

管理团队

嘉德初创时我自己做董事长兼总经理，掌控宏观决策和建立各种人脉关系。人家说我像思想家、设计家，我觉得我就是督促着别人干活的，尤其是第一场拍卖之前，我压力大得天天逼着大家干活。从 1996 年创办泰康人寿那时起，我就只做嘉德的董事长，把总经理的棒交给了王雁南，把公司交给以她为首的经营群体。这 20 多年来，嘉德保持了市场引领地位，保持了它的品质和品牌，王雁南功不可没。嘉德的成功和“王雁南”这个名字也是分不开的。

我最早听说“青花瓷”就是时任嘉德董事总裁王雁南跟我说的。那时我们正筹备嘉德，我对文物一窍不通，听到这个词觉得她好专业呀，就想一定要她加盟。王雁南出生于高级干部家庭，20 世纪 80 年代初由于家庭特殊身份，她隐姓埋名，留学美国。王雁南为什么姓王？她当年在美国留学的同屋室友姓王，她就改姓王，叫王雁南了。回国后她觉得在美国拿的文凭上写着王雁南，改回来的话很麻烦，所以就没改。

左起：胡妍妍、王雁南、作者、寇勤在《爱痕湖》前合影

王雁南在美国学的是酒店管理，那时在长城饭店做副总经理。长城饭店是中国最早的中外合资的五星级大饭店，她做高管，对服务的品质、对国际化运作都很熟练。所以对于嘉德服务品质的保障、原则和操守的坚持，她立下汗马功劳。王雁南出身名门，是大家闺秀，形象气质都好，讲一口流利的英语和粤语。她的身份也给初创的嘉德带来很多人气和支持，对嘉德很重要。特别是 20 世纪 90 年代初期嘉德在海外建立

品牌，她的家庭在海外的影响，以及她个人的特殊身份起了很大作用，这是不可替代的。

甘学军原是国家文物局张德勤局长的秘书，跟我一起下海创办嘉德，做嘉德的副总经理。因为以前工作的关系，在我们几个人里他对行里的情况是最熟悉的，所以负责业务。当时没有《拍卖法》，每场拍卖都要经文化部和国家文物局两个部门单独审批，小甘经常与相关部门打交道，他分管审批、业务和对外宣传。后来他离开嘉德去做一级市场，创办了华辰拍卖。

寇勤是我的武汉大学校友，武汉大学中文系78级毕业后被分配在林业部办公厅，后来被调到文化部下属企业当处长。他聪明，善交际，处理复杂的事、棘手的事的能力一流。寇勤知道我在创办拍卖行，就掺和进来，给我一些消息，主动积极地加盟嘉德，所以他进来做了第一任办公室主任，忙公司注册的事。后来很多跟政府部门有关的新政策的出台，都是他跑前跑后跟他们一起商量促成的。他在跟政府公关打交道，处理复杂的法律、人际纠纷方面，发挥了不可替代的作用。当年，我要搞“小拍”，内部分歧很大。我做决定，他积极支持，一手去落实。小拍做到今天，他是最早的执行者，是嘉德小拍的创始人。小拍是由他带着雷鸣等几人，一手从10万元一场的家庭闲置物资拍卖发展起来的。后来他成为嘉德的副总经理，现在为嘉德投资董事总裁兼嘉德艺术中心总经理。

最初招胡妍妍进来是给赵宜明当助手的，后来我们把她培养起来负责整个书画板块。刘益谦从一开始就在嘉德买东西，见证了嘉德的成长，他现在还记得胡妍妍以前的样子：“我认识胡妍妍时嘉德刚刚开始，她还梳个小辫子呢。她个子也不高，我说这小女孩怎么做拍卖呢，感觉很奇怪。现在回头看，这20多年过去了，其实我对胡妍妍很认可，她是这样过来的，刚进来时那个样子我都看到的。以这样一种感受体会一个公司，更对嘉德有一种情感在里面。”

嘉德的书画板块能发展到今天，胡妍妍立下了汗马功劳。她是南开大学历史系文物博物馆专业本科和研究生毕业的，做书画算是真正的科班出身。南开大学的历史系很强，付同钦和原中国历史博物馆的史树青两位先生是她的研究生导师，两个人共同带她研究书画鉴定。后来她在嘉德工作期间，章津才和书画鉴定家尹光华先生一直扶持她，对她帮助极大。

拍卖需要找买家和卖家，中国书画的卖家更难找，找卖家就是找“货源”。起初公司分工不是那么精细，凡是对业务有益的大家都会帮忙。胡妍妍在找货源上也是一把好手，不声不响地找到许多画家的家属、老收藏家的后代，还有一些文物机构。因为年纪轻、资历浅，和有些机构打交道不容易，她还邀上我去帮她站台，比如去天津杨柳青书画社、天津人民美术出版社等单位。

1993 年我们招聘时，她以为到拍卖行可以天天看画，就来了。天天看画看了 20 多年，她对于这个生意、这个行业有了很多深刻的看法，对于现在大家关心的话题也有一些自己的心得。“艺术品成为投资品，在 2000 年后越发明显，虽然，并非我们最初想象的那样，但无可厚非。我们在市场中，要逐渐适应，学习新的东西，转变固有的思路。从另一方面讲，我认为嘉德的品牌是靠坚持理念和原则成就的。20 多年来是由无数件大事小事积累而成的，在我脑海里品牌不是两个字，是非常具体的事。有时客户从自己的角度想，嘉德可以放松规则，一线员工又要做出业绩，又要坚持原则，极度考验人。让客人满意，让客人觉得被公平对待，让客人受到尊重和理解，又要有底线，有原则，讲究规矩，其中的拿捏需要智慧。我从很多同事、领导、客人身上学到了很多。”

公司从 1999 年的 29 人发展到 2019 年的 200 多人，经营班子 6 人，有原来嘉德长期培养的骨干，如胡妍妍、郭彤、刘莹、贾云涛，也有从行业外吸收的人才，如王辉、陈洪涛。

2014 年，王雁南把嘉德拍卖总裁的职位交给胡妍妍。胡妍妍执掌嘉德拍卖一晃也 6 年多了！

板块建设

每一个新板块的开创都依赖于一位或几位专家的辛苦付出，嘉德自创办之初就非常重视自身专家队伍的培养和建设，20 多年来一批批自己的专家也成长起来，对公司发展有很大贡献。嘉德能够独占鳌头，在中国做出无数个第一，就是因为核心团队在每一块都有很强的优势。“不辞山路远，踏雪也相过”，从征集作品到拜访客户，嘉德拍卖多年来取得的成绩，与团队的足迹、汗水紧密相连，密不可分。

中国书画

自嘉德成立至今，中国书画长期稳据拍卖业务的半壁江山。中国书画也是嘉德各门类中，创纪录最多、市场关注度最高的板块。这也得益于嘉德书画团队敬畏市场、不骄不躁的专业气质和过硬实力。

郭彤

郭彤是中央美术学院史论系毕业的，1998 年来嘉德，很快开始跟寇勤和曹丽做“小拍”，那时叫“周末拍卖会”。1995 年我带嘉德团队去日本办巡展，我一直很欣赏郭彤的先生赵力，总想拉他来嘉德，他就把夫人介绍给我。当时郭彤在日本留学，她来展场找我，给我的印象还是一位20岁出头、背着个包的小姑娘。我还想，赵力把一个小姑娘推荐给我干吗？就不以为然。今天人家挑大梁，担当重任了，2012年成为书画部的总负责人，现在是嘉德拍卖的副总裁。

栾静莉从故宫出版社调入嘉德也快20年了，目前担任古代书画部的总经理，她是这一领域的资深专家。近现代当代书画部总经理戴维毕业于北大，是个敏锐且务实的业务人士。

嘉德书画部就是依托着这样一个专业、谨行的团队，二十余载如一日，一步一步夯实了自身。

早在2011年的时候，嘉德书画创造性地推出了一个夜场品牌“大观之夜”，上拍了30余件中国书画，都是精品中的精品，最终的总成交额超过10亿元人民币，这是国内艺术品拍卖市场上从来没有过的情形。之后“大观之夜”迅速成为全球中国艺术品拍卖规格最高、最受瞩目的品牌专场。

油画

油画拍卖在中国是嘉德开创的，这个市场的早期培育，嘉德的贡献不可磨灭。那时国内油画还没有形成市场的雏形，既不存在国外画廊类的一级市场，拍卖也只有嘉德一家在做。毕竟油画是从西方舶来的，在国内不像国画那样有文化基础；再加上人们接触得太少，也没有受到过这方面的教育，所以油画也不像国画那样有群众基础。1994年春季，嘉德第一次开始拍卖油画的时候，可以说几乎没有客人懂油画。

嘉德油画板块的创始人是高园。她也是我的武汉大学校友，曾经在德国做过访问学者，她的专业跟艺术不沾边。“高园负责油画，油画一开始不太赚钱，但还是有盈利的。油画真的做得很辛苦，因为大家不懂

高园

油画，预展时我们专门把油画放在走廊里，人们看不看都会路过，路过就必然会看到。每次预展的时候，她在走廊里抓人，同事们笑她说像老鹰抓小鸡一样，过来一个客人就抓住人家，跟人家讲，人家不听也得听，次数多了，比如中期公司、中信公司的人就被高园抓住洗脑，一开始买了不少。第二年、第三年油画价钱上来了，他们也有信心了。那时的油画基本上是底价成交，多一口都没人举。真想买的，多加一口就能拿到，大多数时候都是这样。第一场我们卖张晓刚的《圣婴·创世篇》，估价 3 万元到 3.5 万元人民币，我记得是 2.53 万元成交的。”对于嘉德早期油画拍卖之艰难，王雁南很有感触。2010 年张晓刚《圣婴·创世篇》的另外一幅在香港佳士得拍了 5 128 万港元，比 1994 年的价格翻了 2 000 倍。

“高园确实不容易，本身不是学这个的，不懂，她压力很大，真的是在工作当中学，就是靠锲而不舍的精神和一股劲，很了不起。”其间，吴尔鹿给了她很大帮助，共同开创事业的同伴回忆当年的情形依然历历在目。甘学军谈到高园，话语中充满了肯定：“当然那时只有嘉德一家拍卖行做油画，她在工作当中学习，把油画界的事都弄熟了，高园是很重要的嘉德创始人之一。后来油画市场发展到一定阶段，一场拍卖的成交价过亿了，再往上发展很难，高园感到不适应，觉得没法突破自己，选择了离开嘉德。”因为高园的工作，我们对中国油画市场贡献很大。香港的两家大拍卖行，觉得卖油画不赚钱，曾经停拍了好多年，只有嘉德一家是从第一场就拍卖油画，一直坚持至今，嘉德和高园对中国油画市场的兴起做出了开创性的贡献！

目前油画部更名为“二十世纪及当代艺术部”，总经理是李艳锋，毕业于中央美术学院。他从2010年开始系统挖掘“老油画”的学术价值与市场价值，策划推出了国内首场“二十世纪中国油画先驱”专场，又在2015年推出嘉德油画的首个夜场拍卖“二十世纪及当代艺术之夜”，既给市场做了参考，又让藏家的收藏脉络更加清晰。

古籍善本

拓晓堂

古籍善本的拍卖是嘉德在国内首创的，开辟这个门类是因为一个不可多得的人才——拓晓堂。当初他夫人在《北京晚报》上看到我们的招聘启事，觉得很适合他，他是听了夫人的建议来应聘的。他是嘉德公司学历最高和职称最高的人，来的时候就已经是国家图书馆的副研究员了。他很早就多少知道国际上有古籍书的拍卖，应聘的时候就讲想在中国做这方面的事情。

国内懂古籍的人本来就很少，那时可能比懂油画的人还少。1994年秋天我们第一次开设古籍拍卖，谁也没想到拍得很好。古籍市场在国内历史悠久，但到新中国成立后文物级别的古籍不允许民间交易，就演变成了旧书市场卖古籍，我们拍卖的时候一级市场价格不公开，没有市场行情。

拓晓堂20多年来把嘉德的古籍拍卖业务做得很好，对嘉德古籍善本拍卖的发展贡献很大。很多珍贵的古籍都是某个家族世代传承至今的，拓晓堂学识渊博，嘉德能争得这些珍品全靠他的学问。他给自己的定义是高级书商，戏称自己是“青花领”，白领蓝领的活都干了。2017年宋皓接任古籍部总经理，2018年宋刻孤本珍品《石壁精舍音注唐书详节》和“安思远藏善本碑帖十一种”相继拍卖过亿元，后者也刷新了金石碑帖拍卖的世界纪录。

邮品钱币

邮品钱币在国内的拍卖，最早也始于嘉德。这块的特点是收藏人群和爱好者很多，但东西小，价钱低，工作量很大，也很辛苦。1996年春拍嘉德新增邮品钱币板块，由郭学广、左京华共建。郭学广是嘉德搬到赛特大厦办公的时候加盟的，能力很强，把这块做到了顶级，可以说嘉德在这方面没有对手，成了国内邮品钱币的市场风向标。

郭学广

小拍

关于“小拍”，从创始人寇勤到门晓星、雷鸣、梁为民、刘凯，到曹丽、孙毅、闫东梅、刘凯、郭彤、贾云涛和今天的肖洋，为公司培养了许多优秀的专家和人才。嘉德成立前申请“中国”字头和注册的时候曹丽就跟着我忙活。她是我在《管理世界》的同事，我从那里出来，她也一块儿过来了。“刚开始做拍卖时，每一个环节都要我们自己想、自己设计，从竞投登记的牌子、现场计价显示屏、桌子、牌子、袋子、门票、请柬，到竞买登记的单子、财务结算的单子。因为嘉德之前没有人做过拍卖，也没人知道该怎么弄，所以都得自己去想应该怎么做。”后来她做过“小拍”的经理。

1994 年秋季拍卖，新增加了瓷杂，由陈连勇负责，后来是闫东梅。如今瓷杂扩展为两个部门，瓷器及古董珍玩部总经理是刘旸，于大明是总负责人，古典家具及工艺品部总经理是乔皓。1995 年春拍又新增了珠宝拍卖，由万珺负责，之后由徐军负责，现在增加了由王婷负责的珠宝钟表尚品部。2019 年又成立了佳酿臻茗部，增加了近年来热门的葡萄酒、茅台酒、茗茶等品类。

除了业务团队，后勤团队在孙国明带领下辛辛苦苦 20 多年，现在嘉德拍卖的行政主任是王尚斌。财务团队的陈树银去了嘉德投资，陈益锋现在在嘉德香港，陈洪涛是首席财务官。总之，大家勤勤恳恳，默默无闻，任劳任怨，为嘉德看得见的成功付出了不为人知的辛劳，劳苦功高，贡献很大。

“嘉德在线”创办

嘉德核心业务团队拍摄于 2017 年

在嘉德历史上，由于当年对文物拍卖争议很大，为了寻找和增加出路，保证嘉德能够持续经营和发展，我们做了多种创新，除了做以家庭闲置物资拍卖为主的“小拍”，还成立了嘉德产权中心，做了好几件漂亮的拍卖。我们拍过列车冠名权、新世纪的广告发布权，还有当年长城一日游项目之一的秦始皇宫通过产权交易拍卖获得执照改成怀思堂骨灰存放中心，还有轰动一时的辽宁锦州道光二十五年贡酒的拍卖，这些都是国内最早由嘉德推出的拍卖类型。同时在广州开办了分公司，李秋波是嘉德广州分公司的创始人，在当年新中国美术拍卖专场的开发和嘉德南方基地的建设方面做出了贡献。在互联网时代，嘉德引进软银集团和香港电讯合资组建创立国内第一家艺术品电商——嘉德在线，成立以陆昂为核心的创始团队，为国内艺术品在线交易积累了很多宝贵的经验。从 2019 年开始，嘉德拍卖在自有平台上尝试网上拍卖，拥抱一个“新时代”。

嘉德能够从一开始就成功，是因为起点高，到今天 20 多年了还依然在发展，是因为有这样的团队。感谢大家的付出，我们信赖、依赖他们。他们在辛苦工作的同时能够获得很好的成绩，与公司共同发展，应该也很欣慰。

创新

赵半狄《涂口红的女孩》
1987 年，布面油画，170 cm × 109 cm，泰康收藏

嘉德模式

回忆嘉德当年的成功，引进专家制度和建立顾问制度这两点很重要。作为第一家全国性的股份制拍卖企业，专业和规范是很重要的。专家是非常重要的因素，但不是决定性的因素，如何与专家合作需要一套合理的、完善的公司流程和管理程序。这也是我常说的嘉德模式的重要内涵，嘉德不会受制于某一个人的成功和失败，而是依赖公司的管理制度实现发展。就像一部精密运转的巨大机器，不管谁在操作，是靠程序控制运转，这与没有程序、只依赖人工操作的区别就是，后者的好坏极大程度上依赖于操作员的个人水平，所以说嘉德模式是一种现代化的企业模式。另外，一开始我就建立板块，每个板块都是专家说了算，无论是书画、瓷器，还是家具，王雁南、寇勤基本不决定上拍与否，他们就是负责维护重大关系、联系大客户。其他很多拍卖行都是老板制，东西上不上拍老板说了算，我们与它们的差别就在这里。

《管理世界》的工作经验对我帮助很大，我策划“中国工业四十年大型企业发展成就展”，策划中国企业500强评比都是把行业中的权威人士请来当顾问，架势也大，气场也足，所以嘉德成立后我立即成立了鉴定委员会和艺术委员会。鉴定顾问请的是文物圈、艺术圈的权威人物，有徐邦达、刘九庵、耿宝昌、杨伯达、杨新、杨仁恺、章津才、史树青、傅熹年、秦公、傅大卣、朱家溍等。成立艺术委员会后，我首先就把各大艺术院校的院长都请来，如中央美术学院院长、中央工艺美术学院院长、中国画研究院院长、北京画院院长等，有郎绍君、水天中、张仃、尹瘦石、靳尚谊、刘迅、常莎娜、薛永年、刘春华、朱乃正等人。我们在长城饭店搞了很隆重的聘请仪式，请高占祥、张德勤给他们颁发委员证书，通过建立鉴定顾问和艺术顾问队伍树立市场权威地位，占领制高点。

嘉德最早的成员外行多，不懂文物和艺术品，必须请专家。我们先是照搬“国际惯例”，有了东西先找专家看，遇到专家间有不同意见，就请教更多专家，最后上拍与否还是公司自己决定。找专家的同时培养自己的专业人员，做功课收集补充资料，逐渐形成了一套工作模式和规

嘉德聘请首批鉴定顾问、艺术顾问仪式会合影

前排左起：靳尚谊、史树青、刘迅、傅大卣、朱家溍、高占祥、徐邦达、尹瘦石、张德勤、朱乃正、胡妍妍

后排右起：第五，滕芳；第六，刘春华；第七，郎绍君；第九，薛永年；第十，水天中；第十一，秦公；第十二，作者；第十三，章津才；第十四，董辅礽

程，即专家的经验性意见结合辅助资料的收集补充，这是嘉德业务的重要部分。

嘉德摸索形成的一套管理、运作模式和规程后来变成了行业规程。嘉德是一个现代化的拍卖企业，专家制、聘请鉴定委员、艺术委员、董事会，这一整套现代企业的治理结构都是从申请注册的阶段就逐步建立起来的。我们坚持走专业化、规范化、市场化、国际化的路子，完全靠现代企业制度、靠文化、靠管理体系来管理公司。

在市场中学习市场（上）

嘉德不是最先举办拍卖的，也不是国内第一家拍卖公司，但嘉德是第一家完全按照市场经济规律运行的、全国性的股份制拍卖公司，嘉德的第一场拍卖开启了整个现代中国艺术品市场新的篇章。在嘉德的成长过程中，我们在市场中学习市场，在市场中与政府共建新制度。

“’92 北京国际拍卖会”是改革开放以后国内最早的文物艺术品拍卖会，开了先河。1992 年 10 月 11 日，这场拍卖在北京二十一世纪饭店剧场举办，成交金额 300 多万元，在政策上是极具启发性的，为嘉德及其他拍卖行的成立埋下了一个重要的伏笔，影响应该说是深远的。这场拍卖会虽然得到国家文物局、北京市文物局、海关、国家文物鉴定委员会等多方的支持，但是后来围绕拍卖形成的支持文物市场改革和反对拍卖祖国文物遗产的两股力量之间的较量也从这个拍卖会拉开了序幕。“’92 北京国际拍卖会”是一次性的拍卖，并不是持续的，这两股力量的较量从这个短暂的拍卖会开始，最终却在是否批准嘉德成立的问题上爆发出来，而嘉德的首场拍卖所表现的姿态和态度，持续的拍卖行为对旧的文物保护法产生的突破与冲击，催化了这两股力量的斗争，这才有了2002年对《中华人民共和国文物保护法》(以下简称《文物保护法》)的修订，和《拍卖法》对文物拍卖企业的合法性的承认。这也是嘉德区别于“’92北京国际拍卖会”的意义所在。

谈起嘉德开创的意义，离开嘉德多年的甘学军毫不讳言：“朵云轩是把它的第一场拍卖当作朵云轩艺术品公司的一个附属业务。包括翰海、荣宝斋都是这样的，是行家在做，行家的局限性就是只把拍卖当作生意。但是嘉德从一成立就是在建立一种模式，我们要推广一种文化。这是一个高度，是嘉德的功劳。没有这个立意，没有这个高度，嘉德就不可能建立一个行业的标准。行家做拍卖不可能这么做，我曾经在电视上说过，我不看好行家做拍卖。不是说谁好谁坏，是因为思维、行为方式决定了行家就是在赚差价、捡漏，不是建立一种拍卖模式。的确，能够理解开创意义的人不多，就像今天人人都会做饭，却很少有人知道烹调最早的目的并不是调味和保证口感，而是为了使东西能吃，之后人们才去琢磨怎么做得更好吃。

’92北京国际拍卖会图录封面

所以说开创的意义非常深远，解决的是最基本的，也是最首要的问题。嘉德成立后解决的是“什么是拍卖”“拍卖应该怎么做”等今天似乎所有人都明白的问题，是一个行业的首要问题，之后行业的发展就是大家一起做贡献，是完全不同于开创的新阶段。

国内的文物专家们对于拍卖

王雁南陪同徐展堂、马未都参观预展

行的出现也是非常肯定的。马未都跟高园是邻居，嘉德一成立我们就拜访过他，邀请他出席嘉德成立酒会，他早期对我们帮助很大。他觉得“拍卖行业出现之前，整个 20 世纪 80 年代是文物市场的低谷，整整 10 年没有什么波动，买东西都是在文物公司买，明码标价，逢年过节还能打个折。拍卖行业出现后，高昂的市场成交价让公众一下认识到文物的价值，引起了整个社会对文物的重视，对中国传统文化的重视”。

20 世纪 90 年代初期，很多行业中的代表性企业都成为政府的行业试点和试验田，在新法律法规的建立方面为政府提供了可贵的第一手信息和经验，这些试验田为各个行业的早期发展起到了非常重要的作用，贡献是极大的，嘉德就是一块文物及艺术品拍卖行业的改革试验田。当年不光是企业里的人，政府官员也一样积极参与和推进各项变革，想方设法改变陈规旧习。现在与文物拍卖有关的很多法律法规

汪庆正（中）给大家讲授瓷器知识

的建立都是当年的嘉德人跟文物局的官员们坐在一起，商量怎么弄、怎样办的结果。嘉德最终能成为拍卖行业一个代表性的、标志性的企业，都是因为她对行业做出了开拓性的贡献。

冲破旧体制

嘉德的开创是颠覆性的，具有革命性的意义。我们很艰难，当年中国有两种产业是国家的，一个叫专卖，一个叫专营，烟酒是专卖，文物是专营。旧的文物体制中，各地文物商店百分之百是当地文物局的，是当地企业化经营的事业单位，文物由文物局进行调拨，内部划价。

谁都没想到，嘉德的出现及带动的新的商业形式，把整个文物专营体制冲垮了，把文物商店冲垮了。我当年以为拍卖是把西方现代的文物交易形式引入中国，在国内是个新产业，后来发现，这个产业在中国存在，而且是一个比较古老的行业。文物是有行当的，全国自上而下的文物商店，是以文物公司的经理为主的。拍卖出现后，人家不再从文物商店买东西，也不卖给它们东西了，对它们冲击很大。最初各地的文物商店都给我们供货，通过嘉德，它们每年能赚几百万、上千万，赚了钱就盖大楼。文物专营行业的人以为拍卖是他们的一个新销售渠道，但没想到就此为我们打开了文物专营体系的大门，更没想到不久之后他们这个旧体制被新商业冲垮了。当年他们不了解现代经济，不知道拍卖会冲垮整个文物专营体制和文物商店，否则他们是绝对不会允许拍卖存在的。

作者（左二）、王雁南（左三）与张延华会长（左五）等接待苏富比总裁威廉·F. 鲁普雷希特（左四）一行

与政府的互动，建立新制度

星号制度

在嘉德初创的年代，中国进入市场经济的初期，企业家在学习市场经济，政府也在学习市场经济，大家在共同培育市场经济，形成一个共同进步和共赢的局面，嘉德就是一个典型的案例。这个时期嘉德对这个行业的贡献，主要是跟国家文物局文物流散处的处长李季，还有分管副局长马自树等官员一起建立了一套文物拍卖制度。因为跟拍卖有关的买方和卖方的很多行为都是不符合当时法律规定的，拍卖文物不合法，藏家购买也不合法。当年甘学军是嘉德的副总，他是文物局出来的，遇到问题就与文物局的官员们共同商量讨论，在新制度的建立方面做了很多工作。

拍卖一出现就改变了原来旧体制下的文物流动格局，市场活跃了，嘉德也遭遇到了诸多从前不曾有过的难题。很多海外藏家购买文物，但根据当时国家相关的文物保护政策，一级文物是不能出境的，文物不能出口怎么拍卖？怎么告诉大家哪些拍品是可以出境，哪些是不可以的呢？嘉德在与文物局官员的不间断沟通中创造了拍卖业的“星号制度”。举办艺术品拍卖会之前，全部上拍标的物都要向文物管理部门进行申报，文物管理部门在对标的进行审检时，对认为应该禁止出境的标的加标星号。拍卖公司在印制拍卖图录时，也将禁止出境的标的加标上星号。因此凡是有文物拍卖资质的拍卖公司图录上加标星号的标的，都表明该标的禁止出境，以此提醒买家，否则买了也会被海关查收。打星号的主意是王雁南提出来的，这是这个行业第一个成文的制度。

文物复出境制度

1995 年的秋拍，我为什么一定要把“杨永德藏齐白石书画专场”做成功？有一些老专家坚决反对文物拍卖，我也能理解，现在也挺敬佩他们。他们觉得文物拍卖会助长挖坟盗墓之风，会加速文物的流失，所以针对他们的这些观点，我要证明文物拍卖活跃了市场，也能让文物回流。通过这个专场，我把 100 多张齐白石的画拿到国内拍卖，促成中国第一次大面积文物回流，让反对者们看到拍卖使文物回流了，而不是出去了，文物拍卖有利于保护国家文物。我要给嘉德拿到政治资本，之后著名收藏家不把收藏委托给佳士得、苏富比拍卖，而是委托给我们嘉德，大批文物回流了，拍卖的行业形象得到很好提升。

这个专场对行业发展还有另一个贡献。因为依照以前的法律规定，回流文物是有关税问题的，“杨永德藏齐白石书画专场”有 167 件拍品从境外进来，国家当然希望鼓励文物回流，但海关的税怎么办？这样，

尚扬《董其昌计划-7》
2007 年，布面油画（两联），128 cm×416 cm，泰康收藏

拍卖带来的具体问题导致了新制度的诞生。以前东西都是被外国拿走，现在终于回流了，最好就留在境内。我和甘学军对接，找到国家文物局李季处长，他们代表国家文物局主动去跟海关商量，套用《海关法》第 22 条，关于“经海关批准暂时进口的货物”一条：入境文物可以在海关登记，半年之内还可以带出去，半年后如果不出去就留在国内了。甘学军也清楚记得：“比如新闻记者的摄影器材，随身用的一些东西等，在海关登记好是可以不收关税的，这些东西不是用来做买卖，是自己随身用的。文物套用这一条，那时叫文物复出境政策。因为回流量太大，2012 年海关又开始查税了，这样对回流的政策就是一个很大的阻滞。为什么大家都开始去香港拍，因为要过海关。我们现在还处在改革开放的进程当中，很多事情是靠一个局部的节点来决定的。”

国家优先购买权制度

嘉德对行业的贡献的一个重要方面就是推动几个行业制度的出台，而这些几乎都与古籍拍卖有关。1994 年嘉德秋拍首次增加了古籍拍卖，第一场的一个很大的亮点就是孙中山的手稿，是他手书的信件，虽然不贵，但被定为国家一级文物，应该为国有收藏。拍卖中第一次出现一级文物，国家文物局和市场都不知道该怎么办。有拍卖以前，国家对流散在民间的国家级文物都是号召个人或单位捐给国家，国家再给予一定的表彰和物质奖励，市场行为遇到国家级文物这是第一次，当时政策没有规定。于是我们和各方沟通，约定仅限于国家图书馆、博物馆等国有机构购买，这个政策后来得到国家文物局和北京市文物局的认可，后来演变成“国家优先购买权”制度。

优先购买权制度经过多次修改，变为只允许国有企业和国家的文博事业单位来购买，即定向拍卖，但没有细则。我们拍卖南宋第一位皇帝宋高宗的《养生论》时，一个广东老板买了，因为他不是国有企业的老板，最终没能够给他，后来加佣金 880 万元给了上海博物馆，现在《养生论》成了上海博物馆的镇馆之宝。到了拍卖《出师颂》的时候，用底价购买这种方式也不完善。直到嘉德拍卖陈独秀和胡适在五四运动时的珍贵信札，寇勤和当时文物局的宋新潮司长进一步使这个法案得到完善。就是先将标的拍卖，拍卖完 7 天内，国家如果要，就按拍卖中的最高出价优先购买。

十多年里，这个制度衍生出三种模式，包括“拍前协商模式”，嘉德古籍中的“翁氏藏书”就属于这个模式，还有“拍中定向模式”和“拍

王广义《凝固的北方极地 25 号》
1985 年，布面油画，
65 cm × 90 cm，泰康收藏

后先得模式”。嘉德2009年春拍古籍中的“陈独秀等致胡适信札”，是“拍后先得模式”的首创案例。拍卖前由文物部门决定成交后，由国家文物收藏单位按照拍卖的成交价优先购买。所以，问题的出现可以推进一个行业法规的制定和完善，嘉德古籍拍卖中的几次国家级文物的拍卖过程，不仅推动了《文物保护法》中“国家优先购买权”制度的建立出台，也让它彻底完善。

苏天赐《春风杨柳万千条》
1960年，布面油画，
110 cm×110 cm，泰康收藏

在市场中学习市场（下）

除了前面这些制度的建设，嘉德对行业的业务开创和推动的贡献也是非常巨大的。今天，国内拍卖市场繁荣，拍卖门类多种多样，拍卖市场的三大支柱板块中，在1994年嘉德首拍的时候只有书画和油画两种。因为书画是中国的传统艺术，谁办拍卖都会首先办书画拍卖，但从那年的秋拍，也就是嘉德创办后的第二场拍卖开始，我们新增加了好几种门类，包括古籍善本和瓷杂。到1995年春拍又新增珠宝拍卖，1996年春拍新增邮品钱币板块，这些门类都是嘉德在国内首创的。

现在国内拍卖公司除了春秋两季大型拍卖会，差不多家家都有四季拍卖，这种小型拍卖模式也是嘉德的首创，后来的人对“小拍”很熟悉，但很少有人知道它的由来，当时开创的原因恐怕也是现在的人们很难想象的。

在1995年国家第一次批准了六家可以拍卖文物的拍卖公司之前，由于文物艺术品拍卖政策不确定，我的压力非常大。我一直有种担心，怕嘉德哪一天会被关掉，或不被允许拍卖文物字画，这样的话我该怎么对股东负责？1994年国内拍卖行开始多起来了，文物局要管，不能所有人都可以拍卖文物。有一次在西安开全国文物工作会议，当时主管文化的一位领导在会上说文物拍卖很乱，“听说有个什么嘉德公司，个体户办的，怎么能让他们拍卖文物啊”。这话传到我的耳朵里，有如五雷轰顶。嘉德自创办起就有很强的反对声音，特别是受到原文物界有文物专营权的那些人的反对，我的担心越发强烈。从此我们把坏事变好事，做所有的事时都极其小心谨慎，不能让反对者找出半点差错，不能让人家抓着把柄，把我们“消灭掉”。

1994 年第一次拍卖成功后，我们在香港的代表袁曙华女士安排我们去美国访问，参观苏富比，会见迪迪·布鲁克斯，看到一个苏富比的小拍。那里像一个古董店，乱糟糟的，有二三十个人在拍卖。回来之后，我主张嘉德也搞小拍，万一哪天嘉德不能拍文物了，公司还得生存，就只能搞私人物品拍卖、公物拍卖。嘉德的小拍就是因为要为公司留一条出路开始的。

北京朝阳体育馆的周末拍卖会现场

刚开始我们把小拍叫作“大礼拜拍卖会”。那时候一个周末休息一天，第二个周末休息两天，休息两天就叫大礼拜。最早小拍在军事博物馆举办,后来转到了朝阳体育馆。小拍的定位是老百姓家里的闲置物品，没有指定要拍艺术品，我们也不觉得有可能在小拍上拍艺术品。有一回我们收到了某区法院的一批罚没物资，里面有上百件艺术品，卖了50多万元，等于小拍两个月的生意。通过这次偶然的经验，嘉德决定以后的小拍就拍卖小古董，不拍卖生活用品了。后来小拍又搬到劳动人民文化宫（太庙）举行，改名叫“周末拍卖”。周末拍卖在太庙火起来了，办了三四年。那时候在天安门广场对面的劳动人民文化宫门上面有一个“嘉德周末拍卖会”的招牌，我觉得很骄傲。这样，嘉德的小拍文化逐步形成。

从朝阳体育馆的大礼拜拍卖会拍家庭闲置物资卖10万元，到劳动人民文化宫的周末拍卖会卖40万元、100万元，再后来又搬到宝辰饭店卖到300万元，小拍的名字改了又改，变为月拍，又变为两个月拍一次，最后变成一个季度拍一次，叫季拍。拍得最大的一次卖了7亿元，从10万元到7亿元的生意，就是这么走过来的。

从创办开始，嘉德的每一步都成了行业里后来者的典范。全中国拍卖行都学嘉德的周末拍卖模式，就是现在每家都搞的“四季拍卖”。

专场和巡展

嘉德刚刚创建的头两年，拍卖在国内还有很多人反对，1995年为了给“拍卖”正名，让大家看到拍卖可以让文物回流，有利于国家文物保护，我们举办了“杨永德藏齐白石书画专场”，同时还有大导演李翰祥的“清水山房藏明清家具专场”。除了造成国内第一次大规模文物回流，引起广泛社会反响，达到了为拍卖这种交易形式正名的目的，“专场”的概念也从此进入中国拍卖业务的历史。

所有专场中，“新中国美术”是我们的一个创新性专场，后来被称为“红色经典”。1995 年刘春华的油画《毛主席去安源》在嘉德成功拍出后，我就想我们这代人对于“文革”美术和毛主席时代的革命文物是熟悉的，这类东西很多，总体很有气势，有不少家喻户晓的东西。

1996 年秋天，嘉德举办了第一次“新中国美术”专场拍卖。所谓“新中国美术”是指大概从新中国成立，至 20 世纪 70 年代末到 80 年代初的几十年间的民间和专业美术工作者的创作，这些作品影响深远。特殊的历史意义和代表性使这期间的重要画家与重要作品后来成了市场中的热点。

“新中国美术”专场是广州嘉德创始人、我的师弟李秋波响应策划的，由总公司和广州嘉德联合推出。嘉德的首场“新中国美术”专场就征集到很多重要拍品。这些作品都在后来的拍场中多次出现，屡屡创出阶段性的高价成绩。2012 年嘉德春拍中卖到 1.2 亿元的李可染的《韶山》，就是当年“新中国美术”专场的封面作品，当时卖了 154 万元。当时沈尧伊的《革命理想高于天》卖到 88 万元，2012 年卖到 4 000 万元。吴作人的第一幅油画《解放南京号外》流标，后来华辰拍出 1 200 万元。徐悲鸿的《九州无事乐耕耘》当时拍卖了 192 万元，到 2011 年拍到 2.6 亿元。

1994 年嘉德第一次拍卖我们去了深圳和海南巡展，从此拉开“巡展”作为国内拍卖展览形式的序幕，同年秋天我们的巡展到了香港。1995 年巡展到了台湾，后来又走出国门到了日本和新加坡，走向国际。虽然最初的巡展我们带去的东西数量不多，但建立了这个模式，在很短的时间内，嘉德借助国内外的巡展迅速将业务范围扩大铺开了。每一次巡展也成了嘉德和各地方收藏界精英人士相互结识交往的桥梁。第一次香港巡展在香港希尔顿酒店的一个总统套房内进行，楼下有佳士得的预展。我们第一次见到张永霖先生，他说“你们楼上的比楼下的好”，给了我很大鼓励。张先生和我成了很好的朋友，做了泰康人寿两届的独立董事。这次巡展也让我第一次与很多港台收藏界精英相识，包括清翫雅集的蔡一鸣、陈启斌、马志玲、蔡辰洋等先生。还有香港的罗仲荣夫妇，他们与嘉德和我在20多年间结下了深厚情谊，罗先生的儿女结婚我都专程去香港参加。此外，张宗宪、陈德曦、黄仲方、许礼平等和黄君实夫妇都是重要人物，还有肖晖荣兄弟、李健球、朱经伦、钟志森、何培林都对嘉德的发展、对中国艺术品市场的发展做出了杰出的贡献。

第一次台湾巡展我们见到了林百里先生。这20多年，林百里先生在台湾，在华人科技公司创新发展领域，在中华文物文化收藏和发展推介方面都成为世界级的人物。我常与林先生开玩笑：“百里先生也是文物收藏史上百年第一的人物，所以说百里百年。”巡展中我还结识了陈启斌、叶启中先生，倦勤斋的王政松先生、邱凤玉女士。第一次日本巡展，我拜访过日本书法篆刻界泰斗小林斗庵先生，见到西泠印社的梁章凯先生。第一次新加坡巡展，我结识了文化国宝书画大师潘受、法兰西艺术研究院唯一的驻外院士陈瑞献先生和新加坡著名媒体人杜南发先生，杜先生在新加坡的影响就像香港的董桥一样巨大。我还认识了沈怀祖、杨启霖先生。还有曾国和与蔡斯民先生对我们帮助很大，他们也都很热心。当年美国有一个华人精英组织叫“百人会”，都是在美国社会中有影响力与知名度的华人组成的。我们第一次到美国巡展就认识了里面很多人，王季迁先生是他们中做收藏的一面旗帜，杨思胜、邓世勋、林秀槐、张洪先生也都是核心人物，龚继遂先生当时还在苏富比工作。

境外办事处和香港子公司

自 1997 年起，嘉德便开始了建立境外办事处的步伐，香港成为首个境外根据地，随后日本办事处、台湾地区办事处、美国东西海岸办事处、加拿大温哥华办事处相继建立起来。

境外办事处的核心团队包括台湾地区的邹积玮、苏艳秋，日本的马忠仁、原川雅贵子、尾川朱实，北美的何冶纯、闫东梅等，他们都是嘉德驻守境外的功臣。他们兢兢业业，使当地藏家与嘉德的接触更加日常化，同时也强化了服务。嘉德的触角伸得更远，结束了业务人员最初单枪匹马闯境外的局面。这些年，众多从境外征集的国宝级艺术珍品亮相嘉德拍场，受到藏家追捧。

要成为一家真正的国际拍卖公司就要“走出去”，放宽视野，开拓进取。香港是我国的特别行政区，是亚洲最大的老牌艺术品交易中心，也是借鉴国际先进经验与操作模式，锻炼和储备国际型拍卖人才的极好舞台。因此，我们选择香港作为全球化的第一站。

1997 年嘉德筹备进军香港，完成了嘉德香港的注册，但由于亚洲金融危机的爆发，拍卖被耽搁下来，直到 2012 年才重新启动，得到国内政府有关主管部门的批准，正式合法注册了子公司“嘉德香港”，由王雁南担任董事长，胡妍妍担任总裁，成为第一家进军香港的内地拍卖公司。

嘉德香港主要开拓并服务于国际市场，在管理和服务上与国际接轨，业务经营上积极开拓海外市场，并逐步建立团队，开发项目，寻找客户。其中有两位功不可没，一位是陈益锋，他 2000 年左右进入嘉德，做财务工作，在北京工作了十五六年，2016 年被调到香港，目前是嘉德香港的副总裁及财务总监。另一位是卢淑香，担任营运副总裁，她很早就涉足艺术行业，2011 年加入嘉德大家庭，负责公司香港地区事务和参与嘉德香港的筹建。

中国书画拍卖是嘉德的强项，无论近现代还是古代书画拍卖，嘉德都有丰厚的资源和十足的经验，因此，这在香港也顺其自然地成为主力。如今嘉德香港已常规设立了五大业务板块，即中国书画、瓷器工艺品、古典家具、二十世纪及当代艺术、珠宝钟表尚品。有许多明星拍品，在香港这个平台实现了高价成交。

黄宾虹《黄山汤口》
设色纸本，171 cm×96 cm，
2017 年春拍成交价：
RMB 345 000 000 元

2012年10月，嘉德香港首次开槌。第一场拍卖获得近5亿港元的总成交额，取得成功，获得了大家的好评，成功实现了内地拍卖行在香港的第一次拍卖。2017年，为纪念嘉德入港五周年的秋拍，嘉德香港首次进驻香港会展中心进行预展及拍卖，借助高品质拍卖场地，与日益庞大的收藏群体交流分享更多元化的艺术精品。嘉德香港总成交额于2018年首次突破10亿港元大关，2019年亦促成多桩美事，让多件文物艺术品找到知音，总成交额9.89亿港元。过去20多年，从来没有跟嘉德打交道的东南亚藏家，如今已经成为香港买家构成中的重要部分。据统计，在香港我们服务于20多个国家和地区的藏家，使得原有的交易平台更加宽广。

中国拍卖行要实现国际化，在拍品种类、涵盖项目的多元化上还有漫长的探索之路。20多年的发展让嘉德积累了一点本土化的拍卖经验。但是，为应对不同国家、不同文化的需求，对世界各文化的艺术和文物的知晓和掌握还有待加强。拍品单一重复造成了各拍卖行之间无谓的竞争，从长远看是得不偿失的。建立自己的企业特色，让藏家信赖，将成为未来中国拍卖行发展和实现国际化的方向。

蒋兆和《中国人民从此站立起来了》
1949 年，设色纸本，
283 cm × 132 cm，
泰康收藏

引领风气之先

人们常说的“盛世收藏”是对古今中外收藏历史的经验总结。

过去，中国内地没有艺术品市场，即便是中国文物和艺术品的交易，也是以纽约和香港为中心。20 多年来，随着中国综合实力的增强，本土拍卖行如雨后春笋般崛起，北京依托深厚的文化底蕴和学术支撑，一跃成为全球艺术品交易版图上的重镇。但是，和其他市场一样，艺术品市场也不会永远高歌猛进，也会有跌宕起伏。2013 年以后，拍卖市场震荡不断，市场的变化呼唤着拍卖公司的改革与创新。

2018 年是嘉德成立 25 周年，我们说是“成长 · 元年”，青春的嘉德，logo（标识）也焕然一新。新的 logo 展示了嘉德品牌新的面貌和表情，体现着嘉德新的理念和追求，就是更青春、更国际、更有活力。嘉德率先在拍卖企业中引入专业市场营销模式，将传统拍卖行的对外宣传成功提升至整合营销，塑造嘉德年轻化、活力化的品牌形象。

嘉德一如既往地专注于业务创新。比如，将传统的拍卖巡展陈列升级为专业策展，按照学术和艺术史的思路进行专场策划和拍卖。同时让藏家在情景式、体验式的环境里认识拍品，我们把王世襄先生的纪念室复制到798艺术区，追求创新时尚的年轻人会发现，传统味儿十足的明式家具能够完全融入日常生活。2015年，嘉德首次推出“二十世纪及当代艺术夜场”，总成交额达1.57亿元。其中，“85新潮三十年纪念专场”作品成交率达100%，石冲《欣慰中的年轻人》以3 795万元成交，创造了他个人作品的拍卖价格纪录。

拍卖是服务行业，嘉德一直致力于为买家和卖家提供更多、更好的服务。近年来，嘉德成立了金融服务部，提供金融服务、资金支持，为交易双方缓解短期的财务压力。

在藏家体验方面，嘉德还连续推出了“嘉宴”“雅集”等品牌活动。《兰亭集序》《西园雅集》是我们的文化经典，也再现了古代文人士大夫的社交活动。嘉德从中汲取灵感，让藏家在谈文论艺、品茗赏乐的过程中，在融合生活与美学的氛围中，更直观地感受到艺术品收藏的

2018年春季“嘉德雅集”活动现场

魅力。

我们也为藏家朋友们提供各类收藏建议。近年来,私人美术馆兴起,大部分人从单纯的投资和喜好开始,逐步深入到鉴赏研究、系统收藏,特别是近几年来卓有成就的收藏家们创建了各类美术馆和博物馆,策划举办艺术大展,质量之高甚至不亚于专业的美术馆。

短短20多年里,民间藏家迅速成长并反哺社会,开办公益性美术馆和博物馆,这是在20世纪90年代行业发展初创期不可想象的。民间博物馆、美术馆的建设与开放,让社会公众有了更多近距离接触文物艺术品收藏的机会,在把玩中激发出对知识的渴求,与此相关的艺术教育和出版应运繁荣。《嘉德通讯》、嘉德讲堂、嘉德文库,以及各类公益性、学术性艺术展览就是嘉德在履行公共文化教育的社会责任。

新时代下的网络让地球变"平",藏家可以足不出户,在全球各地同一时间无缝衔接地观摩欣赏,触动指尖便可拥有心仪的藏品。从"互联网+"到"艺术+",网络在改变我们生活形态的同时,也打开了一条收藏入门的新渠道。

网络拍卖是嘉德很重要的一项创新。从2015年开始推出实时网络竞投,藏家可以通过互联网与线下藏家同场竞价;越来越多的年轻人开始对收藏感兴趣,他们是互联网一代,因此,2018年嘉德推出了纯线上交易的E-BIDDING网络专场。嘉德也自主开发了全新的手机App(应用程序)。涵盖拍卖电子图录、拍卖会直播、实时网络竞拍、拍卖结果查询、资讯动态等功能,可以说应有尽有。

虽然拍卖在网上进行,但是在拍品选择方面,嘉德秉持一贯的高品质、高标准,均由嘉德专家团队征集,为拍品质量保驾护航。为了解决拍品"上手"预展的问题,嘉德为网拍拍品安排嘉德艺术中心的线下展示,让买家对书画、瓷器等类型的拍品放心出价。线上拍卖最初只是传

“中国嘉德”拍卖 App

统线下拍卖的补充，2020 年为应对疫情而转战线上。9 个月以来，嘉德已经举办了 7 场网络拍卖会和 1 场网络慈善义拍，打破了时间、区域的限制，取得了非常不错的成绩，总成交额已经超过 1 亿元人民币。嘉德的拍卖也由传统的线下模式，转变为线上线下相结合的创新模式。

嘉德携手东润公益基金会，举行“至诚——中国嘉德网络公益拍卖会”，筹得善款1695万余元，为勇敢逆行的白衣战士及家人献上诚挚的关爱与帮助

开创新业态

从1993年正式成立以来，嘉德的主要业务形态一直是拍卖。凭借着专业与诚信，不断创新和进取，嘉德已经成长为全球中国文物艺术品市场的风向标。20多年里，国家整体经济的蓬勃发展带来了中国艺术品市场的结构性变革，划分标准不再是单一的一级市场和二级市场，买家和卖家，而是逐渐变得多元、互补。市场竞争日趋深入，社会公众对文化展览、文化发掘、艺术教育等领域也提出了新的需求。因此，嘉德的文化属性需要升级，这就需要一个更大的与社会广泛接触的平台。

2013年，嘉德20周年之际，我与嘉德董事会一起开始筹划集团化改制，之后的两三年，随着嘉德艺术中心的落成，新业态一一成形。嘉德集团化的核心观念就是分工精细，资源扩大，外延独立。

围绕着“嘉德文化”，形成了嘉德拍卖和嘉德投资两家公司。嘉德拍卖专注于艺术品拍卖主营业务，由胡妍妍担任嘉德拍卖董事总裁。公司管理层由董事总裁胡妍妍，副总裁王辉、郭彤、刘莹，助理总裁贾云涛，首席财务官陈洪涛组成。

左起：中国嘉德国际拍卖有限公司副总裁郭彤女士、副总裁王辉先生、董事总裁胡妍妍女士
中国嘉德国际拍卖有限公司、嘉德投资副董事长王雁南女士
中国嘉德创始人陈东升先生
嘉德投资董事总裁兼 CEO 寇勤先生
嘉德投资副总裁陈树银先生
中国嘉德国际拍卖有限公司副总裁刘莹女士

2014 年成立的嘉德投资则管理嘉德原有的投资业务，同时还运营嘉德艺术中心的展览、出版、教育等活动，并拓展与拍卖业务相关联的产业发展，由寇勤担任董事总裁兼 CEO、嘉德艺术中心总经理，陈树银担任副总裁。

这样就形成了以嘉德拍卖业务为旗舰，与嘉德投资、嘉德艺术中心、嘉德教育出版、艺术品金融业务等相结合的战略布局，集团成员间相互支援，协作配合，共同发展。

2017 年嘉德艺术中心落成后，大楼里密集地举办了各式各样的展览活动。内容跨越古今，既有聚焦经典收藏的精品展，又有持续呈现艺术家群体的大型群展，也有将艺术与科技手段结合的全新体验展。艺术中心通过丰富的公共文化教育活动，传播艺术之美，弘扬传统文化。

嘉德典亚艺术周（Guardian Fine Art Asia，简称 GFAA）自开创以来，已经成功举办了六届，得到了北京市文物局、文化局和天竺海关等相关政府部门的大力支持。在嘉德典雅艺术周上，国内的藏家与爱好者可以零距离品鉴国际顶级艺术品；境内及港澳台地区的艺术机构有机会与国外的同行增进了解，拓展海外业务。嘉德典亚艺术周拓展了拍卖之外的另一种艺术品交易方式，为东西方文化交流搭建了一个综合艺术服务平台，也为全球艺术市场带来了更加多元的商业契机。

2017 年嘉德典亚艺术周（GFAA）

嘉德文库可以说是艺术中心的一大亮点。2016 年，我们和来自五湖四海的新老朋友，一同见证了“嘉德文库”的成立。嘉德文库倡导“以文会友”，承载着传统文人式的理想，将嘉德多年来经手的无数艺术珍品，以研究出版的形式实现文化上的留存。嘉德文库出版的图书，有品位，重学术，也符合市场需求。嘉德文库陆续与重量级专家、资深作者和一流出版社合作，为喜爱文化与艺术的书友们呈现了品类丰富的精品艺术图书。艺术中心书店还定期推出新书发布会、读书沙龙和作者分享会，邀请作者和嘉宾分享观点，与书友们共读好书，创造书里书外的文化体验。

以往在每年拍卖期间，嘉德都会办讲座、学术研讨会，做了很多超出拍卖业务范围的事，拍卖作为艺术品交易的载体，其实也是艺术教育普及的一种特殊方式。2017 年我们有了嘉德教育，世界一流的艺术商业机构、高等学府与博物馆可以更好地与嘉德协力合作。嘉德教育邀请知名学者和业界专家组成国际讲师团，为藏家、艺术市场从业者、艺术爱好者提供全新的沉浸式体验。目前，嘉德教育与伦敦大学亚非学院和芝加哥艺术博物馆合作，结合三家在学术研究、艺术品收藏及艺术商业方面的优势，跨文化、跨地区、跨领域地与藏家、从业者、爱好者一道探究艺术领域的专业知识，共同体验艺术之美。

嘉德艺术中心为真爱梦想公益基金会“去远方”公益研学项目的孩子们提供别开生面的展览互动课程和艺术体验活动

塞姆·基弗《新月沃土》
面丙烯、油彩、虫漆、沙石，475 cm×950 cm，2019 年春拍成交价: RMB 27 600 000 元

感悟

吴冠中《北国风光》

1979 年，68 cm × 179.5 cm，泰康收藏

感悟创业

20多年后回首往事，我更加感悟到创业之艰难。当年电视里面伦敦拍卖的画面对我的刺激，使我热血沸腾，它潜藏在我内心深处，带给我无限的憧憬，酝酿出日后创办嘉德的两大冲动：如果成功，嘉德就是中国最大的古董交易商；如果成功，我就可以再造中国的文化贵族。这些，成了我创办嘉德的原始动力。

当内心的冲动和热情遇到了好的想法，就一定会发酵。创办嘉德有六大要素。因一张报纸提出做拍卖行的点子,谓之首。随后筹措资本，因为《管理世界》评500家大企业的原因，我可以在一周之内筹措到2 000万元注册资金，是第二步。第三步是整合社会资源拿牌照，对我来说，校友圈、老乡圈和因工作关系建立的同事圈是我最大的资源，这一步我是靠他们成功的。第四步是建立公司，组织最优秀的团队。第五步是一槌定音，一举成功，嘉德赚钱了。第六步，建立各种制度，奠定了企业持续发展长久不衰的核心基因。每一步都至关重要，一步失败则全盘皆输，就没有今天的嘉德了。

在那样一个年代，虽然充满机遇，但每一步都需要智慧和创新思维。现在市场准入条件放开了，当年只有国有企业，股份制刚放开时很多人不知道，我创办股份制企业在当年也是最大的创新。

那时候我做拍卖太多人不看好，我的一个特别要好的师兄就非常看不起我，到处说："东升就是琉璃厂夹小包的。"他说得不对，其实我夹的是创办苏富比、佳士得这样的世界级艺术品拍卖行梦想的小包，我要做中国的苏富比，再造中国文化贵族。我所说的"贵族"实际上是指对文化进行保护，对艺术热爱，真心喜欢、欣赏、鉴赏艺术的人。有钱人不能都是土豪，文化艺术是非常重要的，一个民族没有艺术就没有灵魂。

2019 年，作者参观"翁氏家藏精品展·第一期：亲友交游"

艺术家

艺术家是精神产品的创造者，除了娴熟的创作技巧，和职业人士相比还应该具有较高的审美能力。特别是当代艺术家，以入世的态度参与到社会变革中，对这些变革有所思考，其很多作品源于现实和对现实的思考，所以说艺术创作源于心灵。比如大家都很熟悉的张晓刚的《大家庭》系列，那个时代的人们就是一样的表情、同样的穿着，艺术家用简单的人物描绘出那个时代的模样。我拜访过张晓刚的工作室，老的、新的都去过。拥有一个大的工作室是所有艺术家的梦想，就像很多成功艺术家一样，他的新工作室比以前的大了很多，可以放开来创作。不过人还是和原来一样和气，衣着简朴，生活简单。很多时候，对当代艺术作品不能只从表面简单地理解，细看《大家庭》让人感觉到人之生死，是艺术家在简单生活中对复杂生活的解析。因此，艺术家得到社会的广泛认同和人们的敬仰，甚至很多时候超过企业家，即使成功的企业家创造了巨大的社会财富和就业机会，但在人们心目中艺术家还是更为高尚。

中国现当代油画家有几辈人，先是早年去欧洲留学回来的徐悲鸿、林风眠、吴大羽等，然后是新中国成立后在苏联油画影响下出来的靳尚谊、冯法祀、侯一民等，第三拨有两种，一是新中国培养的、有留学或出国讲学背景的陈逸飞、何多苓、周春芽、刘野等，还有就是20世纪80年代以来一直在国内实验的张晓刚、曾梵志、石冲等。这20多年我认识了很多艺术家，跟有些人很熟，成了朋友。

1994年秋拍，我们去香港巡展的时候，吴尔鹿介绍我认识了陈逸飞。我那时候很骄傲，觉得春拍成功了，秋拍又有那么多好东西，就跟陈逸飞说："陈先生到内地的话，我帮你拍作品。"他也上心了，满口答应。之后没几天陈逸飞就给我打电话，约好面谈。我拉上高园跟他见面，商量在国内拍什么作品，除了古典仕女题材，我觉得换一个新题材可能更好，陈逸飞接受了我们的建议，决定画西藏题材，于是有了油画《山地风》。

嘉德拍卖的陈逸飞第一张作品就是这件西藏题材的《山地风》。在美国生活多年，当时的陈逸飞比国内艺术家更熟悉市场的商业运作规

陈逸飞与《山地风》

则，拍卖前他要求我们一定要找人答应买这幅画。我就去找霍海音，他很豪爽地一口答应。霍海音当时 40 多岁，女朋友是音乐学院毕业的，在法国留学。他带着女朋友，和我、高园四人一起去了上海。陈逸飞开着一辆美国凯迪拉克车亲自到机场接我们。我们住到波特曼酒店，吃完饭就到陈逸飞家里去，在一栋五层楼的公寓里。《山地风》是他根据在西藏采风拍的照片创作的，画的藏族一家人去赶集，轮廓已经画出来了。《山地风》拍了 260 万元，加佣金 286 万元，在当时是天价，很成功。从此陈逸飞的画只在嘉德卖。后来我看见陈逸飞的油画《黄河颂》，那么大的尺幅让我为之一振，这幅画是革命的英雄主义、浪漫主义和现实主义的写照，太震撼人了，我毫不犹豫地决定要举下来。之后我跟陈逸飞来往不多，他去世时我专门去上海吊唁，追悼会上和我一起站在第一排的有上海市人大常委会主任龚学平、导演冯小刚、中国电影家协会主席吴贻弓、陈逸飞的两任太太、他的儿子陈凛。我把陈逸飞引进内地市场，因这样一段很特殊的缘分，他很成功，我们也很成功，现在回头看还是很感念他。

除了油画家，国画家我也交往很多，当年在嘉德时我也非常支持南京的新金陵画派，跟萧平、傅二石、江宏伟、方峻等画家一起吃饭，谈天说画。

商人、企业家和投资家都是在那些年的经济高速成长中真正理解和认识市场和商业的，艺术家也不例外。很多艺术家一夜暴富，境况改善了很多，甚至是翻天覆地。当年他们流落街头被赶来赶去，但是始终坚持创作，这是社会对他们的回报，让他们太惊喜了，没有想到回报会这么大。但是大多数不了解和没有机会接触他们的人，认为艺术家现在是追求艺术还是追求财富，说不清了。不过这也不是坏事，其实他们也要经历市场和商业的洗礼，市场的成熟需要参与市场的所有人都对市场有一定的认识和理解。从某种程度上说，这个时代的人不经历市场就不能真正深刻地理解社会。

艺术品市场每天都要面对大量艺术品和买艺术品的人，该买什么样的艺术家的作品呢？我觉得艺术家创作像我们做企业一样，人家为什么买这个企业的股票？就是因为老板、高管和员工兢兢业业地把这个企业当一辈子的事业来做。画家也一样，我收藏你的作品，过两年你去干别的了，你的价格就会掉下来，收藏家就受伤害了，觉得投资你投错了，就是这个道理。所以艺术家最大的风险就是半途而废。还有，艺术家是不是一辈子孜孜不倦追求心目中终极的东西也是重要的。现在有些成名的艺术家要解决的就是这个问题。这说起来容易，理论上很简单，但不是很容易解决的。

2013 年 1 月，作者在摩耶精舍拜谒张大千墓

收藏家

中国书画艺术起源早，发展时间长，艺术魅力震撼后世，历代名家书画至今存世的作品真是片纸万金。艺术的发展时间长，和她相伴的收藏历史当然也很长，自古拥有这些艺术瑰宝就是拥有财富的象征，从皇帝到文人士大夫精英，从富豪大贾到民间收藏家，收藏历久不衰，收藏故事流传至今。每朝每代都有大收藏家，时间长了，好东西太多，被分为各种门类，收藏也有了方向，有的藏品在一个家族中世代相传，有的经过不同大藏家之手，流传有序。因为价值取向不同，古今收藏变化极大，但历代都追捧的在今天一定是珍品。

新中国成立后，一些高级领导干部一样是热爱收藏、鉴赏的大家。李一氓、李初犁、郭沫若、陈毅、田家英、邓拓、孙大光、朱光、吴南生、欧初、辛冠洁、夏衍等都是专家。他们热爱文物，收入高，加上当时文物价格很低，所以他们都有收藏。邓拓是古画收藏大家，20 世纪 60 年代因为收了苏轼的《潇湘竹石图》惹了麻烦，人家说他跟国家抢文物。他为了买这幅画卖掉了一件自己的藏品，也被说成倒卖文物。辛冠洁和王力曾经给我讲他们当年的故事，一到星期天休息，他们几个人先到王

安思远藏《善本碑帖十一种》
2018 年秋拍成交价：RMB 192 625 000 元

府井的北京画店，再到琉璃厂转一圈，最后在西绒线胡同的四川饭店一起吃饭，只点一份汤，里面有各种珍馐美味，后来少奇同志批评他们玩物丧志。他们都有很好的收藏，有很多的故事。

1993 年以前，大陆还没有形成文物艺术品民间交易市场的时候，香港、台湾早已经有了一批成熟的收藏家。他们的收藏比大陆早几十年，拥有真正的藏家群体，特别以著名的台湾清翫雅集和香港敏求精舍为代表，是华人收藏界声名卓著的收藏组织。

敏求精舍成立于 1960 年，主要由胡仁牧、利荣森和陈光甫三位先生发起组织，他们约集香港好古诸友十余人组建了这个收藏团体。会员有乐在轩、北山堂、萱晖堂、暂得楼、天民楼、攻玉山房、关善明、徐展堂、麦雅理等。

我曾经去过几次敏求精舍，那里的人都是建筑师、律师，是香港最大的收藏家群体。他们既有高水平的收藏，又有很强的购买力，同时具备相当的管理推广理念。正是由于敏求精舍的存在，香港才能持续消化众多高档的中国文物艺术品。

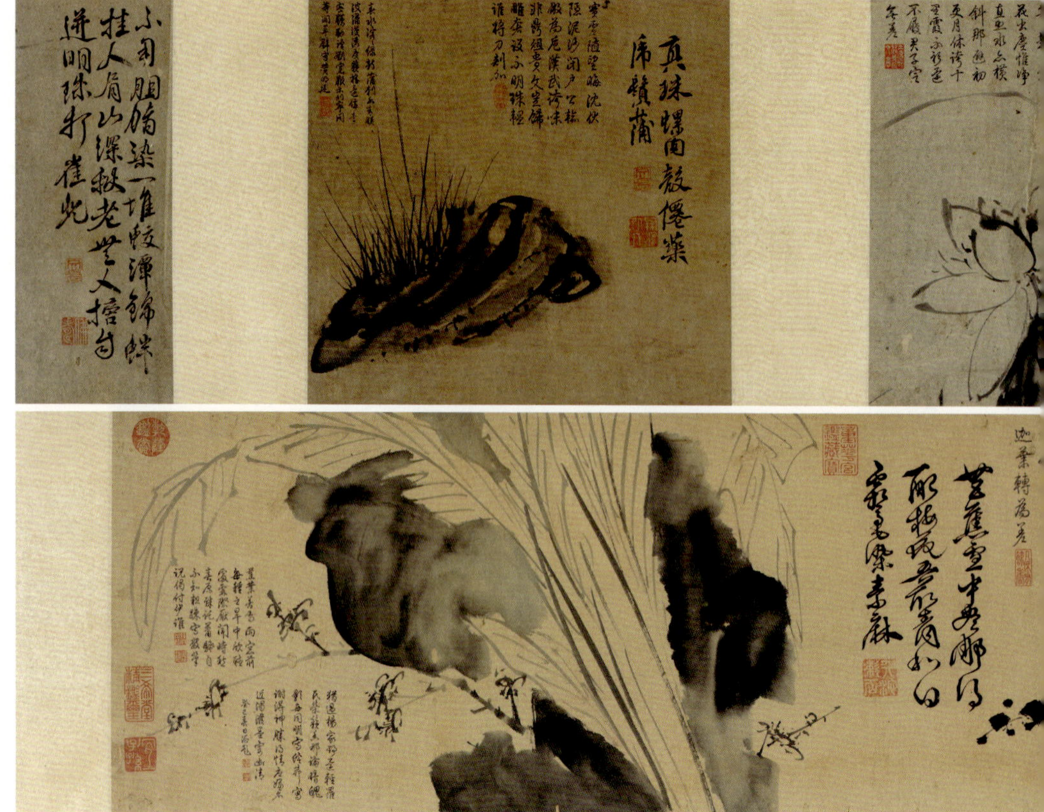

徐渭《写生卷》
2017 年秋拍成交价：RMB 127 075 000 元

徐展堂先生是个企业家，他是穷苦人出身，自己创业赚了很多钱，买了大量的瓷器，是著名瓷器收藏家。他去英国伦敦、美国、澳大利亚好几个地方都捐 100 万美元，再拿很多瓷器做瓷器博物馆，对中国文物贡献挺大的。上海博物馆建造的时候，徐先生捐了 100 万美元，还号召很多人捐助。香港的罗仲荣先生是我交往很深的朋友，他的梅洁楼汇聚了中国近现代书画精品，几乎就是一部中国近百年的绘画艺术史。他还积极推动 M+ 美术馆和设计产业的发展，对香港的文化发展起到很大的作用。2017 年 11 月，嘉德和梅洁楼联合主办的“方寸之间——梅

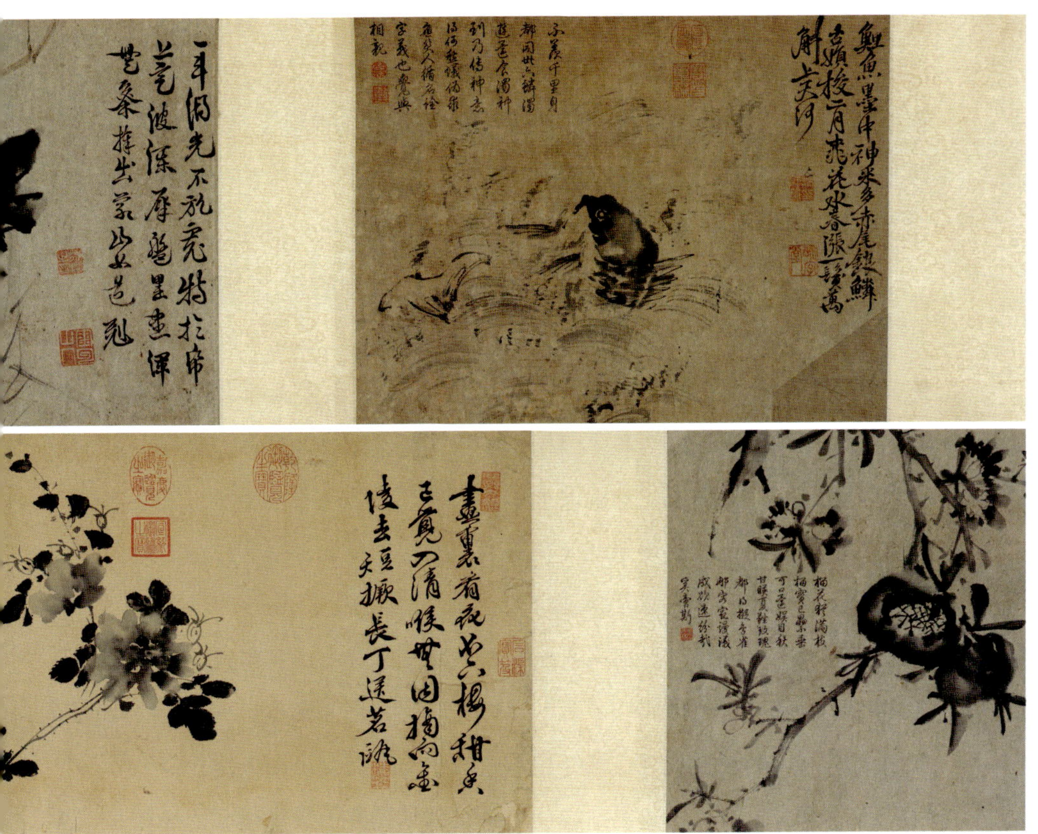

洁楼藏手卷册页展”在嘉德的全新总部——嘉德艺术中心隆重开幕，将一个高质量、高品位的收藏展分享给大众。

港台之外的海外华人藏家也不少。菲律宾的郑乔治先生，2018 年过世了，他是我很敬重的一个人，他的近现代收藏极佳，有很多吴昌硕、傅抱石、齐白石等大家之作。他有一幅徐悲鸿画的五只狮子站在富士山上，喻指美国、英国等五大战胜国站在富士山上把日本打败，还有两幅傅抱石画的毛主席词意，春风杨柳万千条和吴刚捧出桂花酒，都是不多见的题材。他是菲律宾最大的银行家，有一次他请我吃饭，宾客中有阿基诺夫人，还有他下属的行长，也是现任菲律宾财政部长。阿基诺夫人那个时候已经得癌症，很憔悴，很瘦。郑先生有个保镖，是菲律宾人，跟了郑先生几十年，他跟我和王雁南说："我和郑先生待在一起的时间比他跟他老婆，以及我跟我老婆一起的时间都长，他走到哪我都跟着。"

大陆市场从无到有至今 20 多年都还处在成长阶段，大多数客人既是买家又是卖家，投资意识强，至今还没有形成真正成熟的收藏家群体，或者严肃收藏家群体。20 多年来的买卖中，很多人对艺术的了解和欣赏发生很大变化，他们手里积累了很多非常重要的精品，当中一定会出现新的严肃收藏家。刘益谦这个人很真诚，他是草根富翁，是在市场上打拼出来的。嘉德首拍他就花 7 万元买了郭沫若的书法作品，第二次拍卖又跟霍海音合伙买了陈逸飞的油画《山地风》，是跟国内市场一起成长起来的收藏家。他和夫人王薇的收藏从古代书画到当代艺术，是国内收藏面最广、收藏佳品最多的藏家之一。赵心原来是机关干部，下海早，做煤炭生意发了财，现在是职业收藏家，在行里的人缘很好。早年他买了很多东西，收藏包括古代书画、古董瓷器等很多精品。嘉德举办过两场赵心的道光官窑拍卖，大家都来捧场，都是百分之百成交。他收藏的皇家东西最好，现在应该是皇家货收藏第一。郑见明先生独到精深，是投资收藏界的奇才，做事低调，鉴赏品位不凡。新疆的孙广信做矿产生意、汽车销售、天然气生意，生意做得很大，他收了很多大东西，包括徐悲鸿的《九州无事乐耕耘》等，是艺术市场最强劲的买家之一。万达的王健林也是很大的藏家。浙江的鳗鱼王徐先生收瓷器很坚定，也相当有水准。北京的书画收藏家刘文杰、瓷器收藏家马未都、古书收藏家田涛和家具收藏家张德祥，早年被称为收藏界的"京城四少"，非常突出。田家青先生对嘉德的家具拍卖给予过很多指导，他的收藏也在嘉德做了两次成功的拍卖。收藏界得到很多优秀企业家的支持，他们的参与对市场起到很重要的推动作用，王中军、王兵、胡祖六和张利平都有收藏，马云和史玉柱也都有油画收藏，对油画兴趣很大。

除了私人收藏，还有一类非常重要的收藏形式就是机构收藏了。机构收藏在西方市场上起到很大的稳定市场的作用，但国内的机构收藏跟私人收藏的状况很相似，很多是以基金的名义出现的，不是真正的收藏，而是这个行当里的炒家和投资家。企业收藏也是艺术市场的一支重要力量，泰康保险集团、复星集团、苏宁集团、宝龙集团、华谊兄弟、三胞集团、湖南电广、新疆广汇、大连万达集团、侨福集团、中国民生银行等企业也都有收藏。

大藏家当中有些人是要做博物馆的。2012 年底，刘益谦、王薇夫妇在上海的第一家美术馆——上海龙美术馆正式挂牌，国内很多拍卖行同行、大藏家、上海市政府官员和众多著名当代艺术家总共 1 000 多人出席开幕式。我和夫人孔东梅也专程出席了开幕仪式。上海龙美术馆坐落在浦东，从一层到四层，从当代艺术到新中国美术，到近现代书画和古代文物，展示了中国民间收藏的强大实力。刘益谦也很激动，重复最多的一句话就是“我做到了!”上海市政府对他们很支持，给地让他们在浦西再建一个龙当代美术馆，民间美术馆成为一个城市的文化亮点，对上海城市文化发展做了贡献，刘益谦夫妇很了不起。听说孙广信未来也要做一个博物馆，包铭山帮他掌眼做了很多工作。后来国内涌现出许多新的买家，我因为把主要精力放在保险和金融上，跟他们的接触少了许多。

中国拍卖一下子能成功，后来我总结就是因为有一个成熟的港台市场，好东西都被他们买走，到“非典”后内地买家崛起，市场上涨。中国的富翁形成时间短，企业家群体刚进这个圈子不久。西方有实力的企业家很多都做收藏，如比尔·盖茨、保罗·艾伦也买古董，雅虎的杨致远买书法作品。我一直有一个想法，要在中国内地成立一个清翫雅集。收藏家群体很重要，没有他们就没有拍卖市场的发展，我们要感谢他们。

清翫雅集

20 世纪 90 年代初，正是港台拍卖最火的时期，可以说嘉德的成功受益于港台买力的介入。那时候嘉德是在内地收货品，买主基本都是从外面来的。一个原因是得益于正好遇上“亚洲四小龙”的经济起飞，其中台湾成了中国艺术品市场的一个最中坚力量。所以当时我老讲“国家经济在成长，需要外汇，嘉德基本是在为国家创收”。

台湾地区为什么有这样的环境？有很多原因。首先，那时候的台湾企业家有很多是大陆去的精英，这批企业家对中国文化的理解很深，从而形成了非常良好的收藏文化以及收藏群体。这些群体囊括了大部分台湾主流社会中的主流企业家，他们的收藏是最完整与最全面的，特别以著名的“清翫雅集”为代表。

清翫雅集成立于 1992 年，创始会长是蔡一鸣先生，当初创立的宗旨是“交换收藏经验、研究收藏方向、倡导收藏风气，举办讲座及展览、出版专辑，致力于推广艺术文化”，会员以邀请制的方式加入，新会员加入必须经由两位老会员推荐并获得全体会员同意。

我很敬重这个团体，他们的藏家都是台湾顶级大老板，真正有品位。

他们每个月聚会一次，看展览、办讲座、聚餐、交流心得，至今28年，目前有36位会员。2017年我获邀成为清翫雅集在大陆唯一的正式会员，能够和这些我所敬重的资深藏家们交流关于艺术和文物的研究心得，并分享收藏乐趣，对我来说是莫大的快乐和荣幸。

清翫雅集创始会长蔡一鸣先生出生在大陆，1949年去了台湾，他自己是做贸易成功的，在清翫雅集，他年龄最大。蔡一鸣先生喜欢东方文化，谈今博古，这些收藏家是他带起来的。前些年大陆还不是那么发达的时候，台湾给我留下极好的印象。台湾景色很美，形形色色的人令人目不暇接。那时候清翫雅集接待我的会长是陈启斌先生，我们俩结下特别深厚的友谊。那时虽然我在拍卖行，但已经在申请成立保险公司，我也跟他们谈保险公司的事。他们告诉我，在台湾做保险公司的家族是最有钱的，觉得我这个保险公司未来不得了。可以说他们是看着我从办嘉德到成长为今天这样的。

清翫雅集的历任会长除了前面提到的这几位，还有曹兴诚、张益周、骆锦明、许作钿、陈永泰、洪三雄、潘文华、翁明显、陈国和、林木和及现任会长李明德先生，他们都和嘉德维持友好关系。还有第一任秘书长徐政夫先生，也对嘉德帮助很大。蔡氏家族的国泰保险公司对我的影

)18年清翫雅集成员参加嘉德秋拍合影

响也很大，我跟蔡氏家族特别是蔡辰男、蔡辰洋先生建立了深厚的友谊，与辰洋先生像兄弟一般。辰洋先生于 2018 年过世，我和夫人孔东梅专程去台北悼念。

清翫雅集里的林百里先生不仅是张大千、傅抱石作品收藏天下第一，也是古画个人收藏天下第一。我和林先生维持多年的坚定情谊，受邀到他的山庄做客，深深感动于他将王维“清溪”所写情境实践在日常生活里，也真正过上了艺术与生活合成一体的文雅生活，我羡慕不已。

作者与林百里先生合影

清翫雅集对中国瓷器市场贡献很大，元大集团的马志玲先生是瓷器收藏的世界大家。我和马家有着两代的交情，马志玲先生及其长公子马维建都是清翫雅集会员，传为美谈。马维建不仅延续了父亲的瓷器收藏，而且更上一层楼，其瓷器收藏已堪称世界华人第一家，他的油画收藏更是令人赞叹。

近几年来，清翫雅集的会员除了过去着重收藏书画、瓷器、古董文物的人外，又增添了多位当代艺术重要藏家，在中国 20 世纪及当代艺术，甚至西方当代艺术方面都有着非常精彩的收藏。

张大千《江堤晚景》
设色纸本，187.5 cm × 120 cm，
2017 年秋拍成交价：RMB 132 250 000 元

中拍协与《拍卖法》的诞生

中国自古就有拍卖，这不是一个新生行业。在历史文献记载中，我国最早的拍卖活动是在魏晋时期的寺院中举办的。新中国成立后，1958年拍卖行消失，1986年恢复时只做些旧货和公物处理的事，归在贸易信托公司，全国很多城市都有贸易信托公司。成立中国拍卖行业协会（以下简称“中拍协”）的提议最初是在贸易信托公司的一次内部年会上提出来的，当时筹备的人有北京的冯家驳、天津的师宝华、上海的林一平和深圳的黄小坚等。林一平还记得：“当时我们都是信托贸易口的，但我们觉得成立中国的拍卖行业协会不只是贸易信托公司的事情，而是整个行业、整个社会的事情。所以像陈东升他们这样的社会个人团体发起的，像黄小坚他们那样工商局系统的拍卖，还有法院系统的都应该有，这样公信力才够。”那时候嘉德已经成功举办拍卖会了，我就跟他们讲，没有嘉德，这个拍卖协会不能够代表全国，他们就把我拉进去了，也就是说，在筹备的时候我就参与了，我也是中拍协的发起人和创始人之一。

中拍协于1995年6月22日成立，现有1 500多个会员单位，包括拍卖企事业单位和从事拍卖相关工作的个人，会员遍布全国各地。协会的首任会长是杨树德，后来有邸建凯、赵杰、郭长安、张延华、余平，到今天是黄小坚担任会长。张延华会长任时最长，贡献也最大。协会中的艺术委员会为国内拍卖公司的治理做了很多工作，对艺术品拍卖发展很重要，王雁南担任首任艺委会主任至2016年，现在是中拍协的副会长。

左起：王雁南、张延华与作者

中拍协成立的时候嘉德已经搬到赛特大厦办公了。赛特是涉外写字楼，一层的一半被我们租下来，当时我们挺得意。记得当时开全国拍卖会议，我把大家请到嘉德参观，大约有30多个人。这些人下了车跟着我们很规矩地走进去，刚一进去就乱了。我说："怎么了？"一看他们在抢东西。嘉德门口有一个大台子，上面摆着关于拍卖须知、竞投须知、拍卖程序这些规则的手册，他们在抢这些东西。这些规则最早是借鉴和学习的国外拍卖行的经验，王雁南花了很多时间，先翻译后研究最终完成了适合国情的规则文本。全国其他拍卖行的规则都是以嘉德的规则

1995 年，中拍协成立大会的全体参会人员在人民大会堂合影留念

为模板做的，包括那时全中国装拍卖图录的口袋都用牛皮纸就是学嘉德的。那天也就一分钟，我们台上所有的印刷品被一抢而空，可以想象当年大家学习的热情有多高。

《拍卖法》由原国内贸易部政策法规司副司长程大鹏执笔，1996 年 1 月在人民大会堂进行最后的专家论证，当时赵杰任中拍协会长，协会做了大量工作。《拍卖法》于 1996 年 7 月 1 日颁布，1997 年 1 月 1 日正式实施。原《文物保护法》是禁止私人买卖文物的，经过 2002 年和 2007 年两次修订，《文物保护法》针对文物市场承认了文物拍卖在中国的合法性，也是第一次认定了中国公民收藏购买文物的合法性，之前个人只能通过赠予和继承获得文物。所以从严格意义上讲，从嘉德成立到这个法案修订前，拍卖文物和私人购买收藏文物都是不合法的。

1996 年文物拍卖市场较以前已经非常活跃，大家都要拍卖文物，国家文物局就要出台《文物保护法实施条例》。《拍卖法》规定拍卖文物要有资质，需要由国家文物局审批，我们每一次上拍的东西文物局都要来鉴定，决定这些东西能上不能上，比如出土文物不允许上，国家对国宝有优先购买权等。制定《拍卖法》需要智慧，寇勤很了解，原《文物保护法》和《拍卖法》是有矛盾之处的。原有的《文物保护法》禁止私人买卖文物，我们需要《拍卖法》给一个明确的法律保障。那个时候没有修改《文物保护法》,《拍卖法》很难制定，它不能代表《文物保护法》的制定方，文物拍卖又怎能合法呢？所以《拍卖法》当时绕开了文物拍卖的事，先不说能不能拍卖文物，而是先规范拍卖企业的设立。《拍卖法》规定设立文物拍卖企业首先要有拍卖师，要有拍卖专业人才，要有 1 000 万元注册资金，设立其他的拍卖企业要 100 万元注册资金。这样变通了一下。

《拍卖法》是由当时的国内贸易部牵头，再由全国人大立法。全国人大法律委员会成员有胡康生，还有我的老师董辅礽和厉以宁。他们都是财经委员会、法制委员会副主任，都是头号专家，发挥了巨大作用。这个法规让文化市场得到革命性的解放，大家就可以合法注册拍卖公司了，这才有了随后新的拍卖行如雨后春笋般出现，国内拍卖业进入了第二波的创业高潮。

拍卖师制度

拍卖师是拍卖现场的主角，表面上看是拍卖的主持人，而真正意义上的拍卖师应该是一个懂拍卖的人，应该是拍卖市场专家、拍卖专业人士或拍卖精英，只有对行业或相关专业有较为全面和深刻的理解，才能成为一个出色或优秀的拍卖师。

那么什么人可以成为拍卖师，成为拍卖师需要具备什么资质呢？这在 20 世纪 90 年代初期嘉德刚刚创办的时候没有人懂，嘉德第一次招聘拍卖师是我按照自己对电视画面中西方拍卖师的印象进行的。

1996 年 12 月，原来的国家人事部和国内贸易部联合颁发了《拍卖师执业资格制度暂行规定》，对拍卖师资格考试、颁证、注册和执业管理做出明确规定。中拍协的成立对建立和完善拍卖师制度，对提高拍卖师队伍的整体水平起了很大的推动作用。拍卖师越来越多，队伍不断壮大，这个群体的职业道德、技能、文化和利益需求，都需要有制度促进其完善和发展。“拍卖师制度”经过这几年的不断改革到现在更加成熟，当然还需要更进一步的研究和讨论，使它更为先进，促进拍卖师职业的专业化发展。

第一批拍卖师怎么产生？由谁来考？大家争来争去没个统一意见，最后决定先任命一批，所以就产生了中国第一批没有经过考试的 9 个拍卖师，包括我和寇勤，还有陈燕群、秦公、郭福民、范干平、刘俊年、黄小坚、汤炎非。我们这些人再来考别人，并且制定拍卖师制度。所以，作为嘉德的创始人、中拍协的发起人和创始人之一、《拍卖法》的推动者，还有拍卖师制度的创建者，为这个行业的发展做了这些事，我还是感到很欣慰的。

公开、公平、公正

这些年来，虽然我没有在嘉德做具体的管理工作，但是我从来没有离开过这个行业。我认为拍卖这个行业的发展也是我们国家这 40 年政治、经济发展的缩影。

1993 年创办嘉德这个第一家全国性的股份制现代化拍卖企业时，我们学习了国外佳士得、苏富比这些国际知名企业的经验，学习它们的做法。最重要的是我们学到了他们最核心的东西——公开、公平、公正，坚持做中介，坚持对客户一视同仁，而不是简单地学习那些形式上的东西。今天，嘉德在业内取得了这样的地位和荣誉是和当时学习了这些根本原则分不开的。这些东西虽然听起来简单，但是做起来难。中国人很讲人情，很多情况下你坚持了这些原则就会得罪人，但是我们坚持住了，也走过来了。

槌子一敲，黄金万两，拍卖的商业模式看起来就这么简单，拍卖行为买卖双方提供一个交易平台并从中赚取佣金。是嘉德让这种西方拍卖制度在改革浪潮中落地中国，但是如此简单的商业模式让拍卖的门槛太低，谁都能进，因此要保持成功是很难的。难在能不能坚守本分和原则，难在坚守不买不卖。拍卖做到最公开、最透明，是杜绝卖假货最有效的方式。拍卖是伟大的机制，没有什么比拍卖更能反映艺术品的真实价格，证明艺术品的真假。

秦公（举牌者）参加嘉德拍卖会

现在国内拍卖市场发展起来了，当然离不开嘉德、翰海这些老公司对市场的培育，后来的保利、匡时、华辰、华艺等对市场的阶段性发展也做出了贡献。嘉德开创了这个古老行业里的现代企业经营理念，把整个生态里的角色如鉴定家、收藏家、买家、卖家、经纪人、评论家联系起来，把整个市场带起来，并且多年来坚守不买不卖的诚信原则，坚持公开、公平、公正原则，确实起到了一种示范作用，也带动了整个行业的蓬勃发展。然而，这个原则在今天又有多少人知道和真正理解呢？

拍卖行的专业性

我想讲的“专业”有三个层面：第一个层面是对拍品真伪的专业鉴别。专家制度中的专家有三类，一类是本公司的专家，一类是社会上一流的专家，还有就是通过收藏练就的专家，把这些专家都组织起来鉴定，就成为公司核心的鉴定制度或程序。专业的核心是鉴定，鉴定的核心还是要注重公司自己的专家队伍的建设和培育。当年嘉德没有经营和鉴定文物的基础，但是我们建立了一个很好的机制，从社会上招聘了一些专业基础好的年轻人，他们在进入嘉德之前就受过非常良好的训练，像拓晓堂已经是副研究员，胡妍妍拿到了书画鉴定和历史学硕士学位，之前就有诸如在国家图书馆、故宫出版社、北京艺术博物馆等机构工作的经历。经过长时间的积累，他们经手的东西恐怕超过几十万件，将理

钟银兰、傅熹年与章津才等专家鉴定拍品

论与实践相结合，用 20 多年时间，一个企业是完全可以培养出一个专家群来的。建立一套较为完善的专家体制，是嘉德取得成功的关键因素。

第二个层面是后台的专家。后台专家要做大量的资料查询和考证工作。艺术品市场供求不平衡，心理因素、文化因素会极大影响艺术品的价格，在这种情况下，拍卖就是一个定价机制。同样是齐白石的画，一幅是多次出版过的，另一幅从来都没有出版过，价格会差一倍甚至两倍。做一流的拍卖企业成本很高，要尽可能地收集资料，进行大量咨询、调查、研究工作，这是对市场负责，是对投资者负责，是对收藏家负责。

第三个层面就是企业的专业运作。在这方面，佳士得和苏富比是值得大陆同行学习的。我们还处在市场的初级阶段，拼命把目标定为成交额突破 50 亿元、60 亿元，这样的浮躁心态不能长久，不能增强一个拍卖行的未来竞争能力。

逆境能炼就一个企业

一个新的行业崛起的时候，高速成长一定带来一种生态的浮躁，中国做现代拍卖只有不到 30 年时间，从来没受过真正的挫折。西方的企业几百年走过来不知道经历了多少次生死关口。如果企业没有经历过坎坷，它的抵御能力是不强的。高速成长一定会高速回落，大起大落是一个规律。

“苏富比、佳士得经过了上百年的发展，一战、二战、每次经济大萧条都经过了。只有在经济萧条的时候经受住考验的拍卖行才能活下来，经济萧条的时候苏富比的成交率还不到 30%，想要什么东西，举一下就是你的。国内的拍卖行业只有慢慢走，把所有错误都犯一遍，经历自然淘汰，就像西方只剩下苏富比和佳士得一样。”行内的专家对于拍卖行业的发展非常关心，他们跟国内外的拍卖行接触很多，很多人对拍卖企业也有相似的想法，马未都的上述看法就很有代表性。

我读过一本书，它对我启发很大，叫《高盛文化》。高盛曾经五次处在死亡的边缘，处在明天就要关门的悬崖边，如果企业没有经历过坎坷，它的抵御能力是不强的。我们不光企业没有经历过经济大萧条，我们的员工都还年轻，都在成长，基本上是在糖水里长大的年轻人，心理上也是很脆弱的。企业总会有困难的时候，当市场退潮的时候，很多企业就会被淘汰，我希望好的拍卖行能够在挫折中、在逆境中成长。

两种经营模式

1993 年我创办嘉德的时候，秦公特别支持。那时候他拿不到拍卖行牌照，来找我合作，鼓动我到海南设一个分公司，实际上是他想租我的牌照到海南去做拍卖，谈得都差不多了，后来北京市有放开拍卖市场的意向，他放弃了跟我合作，接着北京市批了翰海公司的牌照。秦公原是北京文物公司的总经理，年轻时是一个摔跤手，退役了转业到文物商店。秦公好学，钻研碑帖，成了全国文物鉴定委员会委员、碑帖专家，专门研究“黑老虎”（即碑帖）。

1994 年 2 月，翰海拍卖公司成立，由于秦公在行业里人脉广，号召力强，又有经营文物商店的背景，他们拿东西自然比嘉德容易得多，到 9 月，他们的首场拍卖会就开拍了。嘉德的首场拍卖会是 1994 年春天举办的，翰海只比嘉德晚半年。秦公性格豪爽，喜欢宾客满座，把首拍地点定在保利剧院。当年的保利剧院是北京最好也最火的演出场馆，有 1 000 多个座位。那时候拍卖是个新鲜事物，很多人来看，翰海不同于嘉德，是行里人办的第一个拍卖行，所以吸引了国内外很多藏家，据说有 800 多人。那么大的剧场，座无虚席。秦公很聪明，也学我们卖门票。

50 元一张票，光门票就卖了不少钱。这一场拍卖成交了 3 000 多万元，震惊全世界。到了 11 月的嘉德秋拍，除了书画和油画，我们新增加了古籍、瓷杂和扇面三个板块，成交率超过 80%，总成交额近 6 000 万元，齐白石《山水册页》成交价逾 500 万元，创了中国书画拍卖的世界纪录，陈逸飞的油画《山地风》以 286 万元创了中国油画拍卖世界纪录。两家拍卖行这一年交易额超过 1 亿元，嘉德、翰海两大巨头雄踞市场的序幕就此拉开。

1995 年，北京又有荣宝、中贸圣佳和太平洋三家拍卖行获批成立，很快它们都在当年秋天举办了第一场拍卖，拍卖市场空前繁荣。拍卖市场的火热吸引了很多人办拍卖行，全国各地的拍卖行越来越多。谁都来拍卖文物那怎么行呢？文物局就要管，批了 6 家做试点。1996 年，国家文物局下发《关于一九九六年文物拍卖实行直管专营试点的实施意见》，规定北京翰海从事综合文物艺术品拍卖，包括接受全国各地文物商店委托拍卖；中国嘉德从事综合文物艺术品拍卖，侧重接受民间和境外收藏者委托拍卖；四川翰雅从事综合文物艺术品拍卖，侧重接受西南地区文物商店和民间委托；荣宝限于已批准的荣宝斋经营字画、文房四宝等的拍卖；上海朵云轩限于拍卖已批准的朵云轩经营字画、文房四宝等的拍卖；中贸圣佳限于接受境外收藏者委托拍卖。

1995 年，中拍协诞生，1996 年，六家公司文物拍卖资质的批准标志着整个艺术品交易市场化的到来和规范管理的开始。1996 年《拍卖法》颁布，作用更大，一颁布就彻底把文物交易垄断冲垮了，破除了中国文物市场最大的阻碍，刚公布的文物拍卖试点也失效了，大家都可以到文物局申请资质，市场发展立刻就繁荣起来了。

1995 年嘉德秋拍，古籍和油画都创了新纪录，刘春华的油画《毛主席去安源》再次刷新了中国油画拍卖的最高纪录，我们开创了中国拍

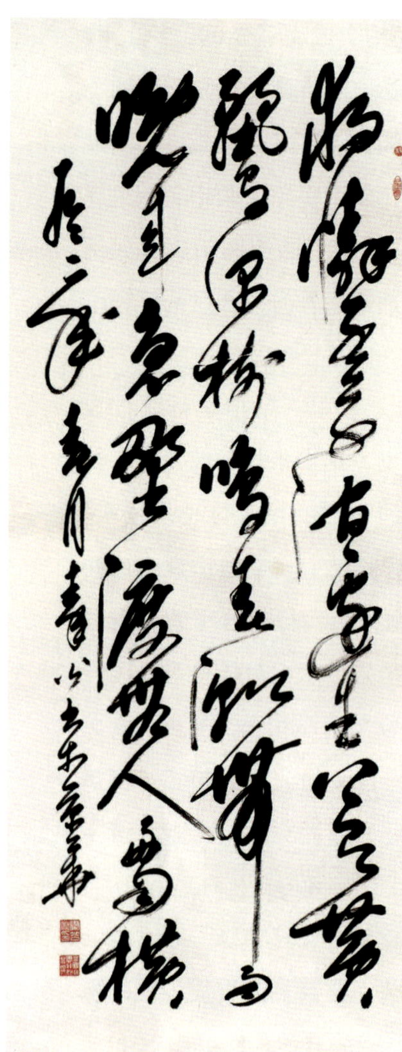

温桂华所捐秦公草书，作者为纪念秦公，以近 70 万元价格购得

卖中的“专场”概念，举办了“杨永德藏齐白石书画专场”，促成了第一次海外文物大面积回流，为拍卖行业树立了非常积极的社会形象。与此同时，嘉德丢了张先《十咏图》，它被翰海以 1 980 万元卖给了故宫，打破了中国书画拍卖的世界纪录，这一幅画的拍卖改写了中国古画拍卖的市场格局，在随后的几年中翰海在古画拍卖中独占鳌头，领先于嘉德。至此，秦公的拍卖模式已经很成熟了。

我老讲中国拍卖行存在两种模式，一种是学习苏富比现代经营的嘉德模式，一种是秦公沿袭中国琉璃厂古玩行的模式。古玩行的模式具有江湖气，实行老大制，做生意灵活机动。秦公成立翰海以后，他是行内的老大，交友，讲义气，灵活机动。我们拍 1.8 亿元，他一定拍 2 亿元。我不跟他争风，甘做第二。这么多年学嘉德的拍卖行一家都没有出来，翰海模式却流传至今，翰海传给中贸圣佳，中贸圣佳传给现在活跃的几家拍卖公司。

嘉德与秦公奉行的琉璃厂模式截然不同，一开始走的是国际化、公司制、股份制路线，建立现代企业结构和专家制度，就赚佣金，赚该赚的钱。嘉德太规矩了，有时候客人不喜欢，觉得我们缺乏人情味和江湖义气，但是嘉德成为行业的标杆不是我们自己说的，文化部制定拍卖行业的行业标准就是委托嘉德制定的。我总结嘉德的成功，是因为公司制，我们是一个完善的现代企业，有股东大会和董事会，有经营班子，有专家制，学苏富比，发展到今天，我们是靠公司、靠品牌、靠集体、靠创新参与市场竞争，而不是靠个人英雄主义。我相信只有长期坚持不买不卖，坚持做中介，公平对待所有的买家卖家，坚持自己的理念、自己的风格，拍卖行的生命才能长久。我不得不说，中国拍卖从嘉德的现代企业模式变成琉璃厂模式是一种中国式的现实。

2000 年，圆明园的被掠文物，清乾隆“粉彩六方套瓶”在香港拍卖，那是国家一级文物，秦公在北京电话指挥花了 2 000 多万元把它们买回来。8 天后，秦公在公司突发心肌梗死，倒在工作岗位上，是当时文物界一个巨大的损失。记得嘉德的第一次拍卖，书画拍品中有 50 件是秦公给的，我一辈子感念他。秦公之后，温桂华接替他成为北京文物公司总经理。2006 年她把秦公买下的清乾隆“粉彩六方套瓶”捐赠给首都博物馆，成了国内拍卖界的一段历史佳话。2010 年，秦公逝世十周年，秦公的书法在翰海拍卖，我决定把它买回来纪念秦公。当时有一个上海朋友跟我争，说“陈总你让我一把”，我说不行，这个我非买不可。温桂华把秦公的书法拍卖所得全部捐献给了社会。

议市场

中华民族五千年的文明为人类留下了大量的文化瑰宝，其中瓷器、青铜器、玉器和家具很早就进入了西方的拍卖历史，但由于文化差异，西方人对中国画懂得不多，所以直到20世纪70年代中国画才进入西方的拍卖殿堂，还是得益于海外华人的支持。20世纪中叶以后，在美国的华人人数越来越多，成了在美国最大的外来族群之一，他们有很强的民族文化认同感和自豪感。到70年代，华人经济实力日益强大，由王季迁先生做顾问，他的学生张洪在纽约苏富比开创了中国古画的拍卖，得到很多华人的支持，特别是新中国成立前从大陆去美国的有经济实力的华人，很多参加竞拍。另外，还有台湾藏家，当时台湾经济崛起，出现很多收藏家，主要是清翫雅集的藏家，都去纽约买画，于是中国古画拍卖市场崛起了。华人日益强大的经济实力和他们对中华文化的热情被西方两大拍卖行敏感地捕捉到。七八十年代，苏富比和佳士得先后在香港开办分支机构，进军华人市场，并且开始尝试中国油画的拍卖，很多华人专家比如吴尔鹿和很多港台买家都给予他们极大的支持和推动，中国油画市场由此兴起。1993年嘉德成立后，在中国内地开始拍卖油画，

拍卖现场

也得到了吴尔鹿的指点和帮助，他给予我们大力支持。后来经历这 20 多年，中国艺术品拍卖市场形成了今天的局面，是海内外市场共同发展的结果，大家都亲身经历或者见证了。

但当年嘉德一声槌响，有人看好，有人不看好。当时我们做拍卖，中国哪有拍卖市场？有点钱的人叫个体户，没文化，不会买艺术品。国际经济对中国艺术市场没有影响，中国经济对艺术市场却有影响。那时候国内的人还穷，国内的东西拿出来卖，国外的人来买。20 多年后的现在是国外的人来卖，国内的人来买。过去国家缺外汇，拍卖可以帮国家赚外汇；现在国家外汇多了，我们又帮国家消化外汇。如果艺术品市场是一个孤立的市场，当年嘉德就会失败，但是海外已经有一个成熟市场，中国艺术品市场成功的原因就是依托海外的成熟市场，我们把国内市场和海外市场结合起来了。

西方艺术市场包括一级市场和二级市场，一级市场主要以画廊、经纪人为代表，拍卖属二级市场，一级市场是二级市场的基础。而在国内，由于之前人们没钱，又长期缺乏接触、欣赏艺术的机会，所以很少有人想到需要艺术品，一级市场难以形成，以拍卖为代表的二级市场成了早产儿，又反过来抑制了一级市场的发展。总之，中国艺术市场跟西方完全不同。

从 1993 年全国只有两家拍卖行到现在的几百家，国内市场发展经历了四个阶段：第一阶段是 1993 年到 2003 年“非典”期间，基本上是一个分散的、传统的收藏拍卖市场。20 世纪 90 年代初期拍卖市场起步，收藏只是个人爱好。那时中国人因为穷，需要钱，手里有东西的画家、作家是一类，老干部和过去的大家族是一类。基本上是内地这边卖货，香港、台湾那边买货，内地也有买的，但比较少。那时候市场很平稳，交易额基本没有增长，嘉德一年拍卖总额约为 2 亿元，香港佳士得、苏富比每年拍卖额在 4 亿~5 亿港元，我特别羡慕，觉得哪一年能够拍它

作者在预展现场同万科董事局主席王石（中）、雅昌董事长万捷（左）交谈

们那么多，这个市场就行了。这个阶段买家卖家是分散、分开的。

“非典”后为第二阶段，中国民营企业经济崛起，特别是房地产崛起后，中国的买家开始进入市场。2005年以后中国艺术品市场发生了天翻地覆的变化，过去的散户收藏者卖了十几年后，手里的东西越来越少，好东西集中在少部分人身上，顶级艺术品向早期参与的投资者手上集中，比如刘益谦、郑见明、赵心，他们买了十几年。中国艺术品市场真正的变革性飞跃是这期间开始的。

第三阶段是高增长阶段。2006年前后有过波动，中国书画市场价下跌，当代艺术市场价疯涨，很多人既是买家又是卖家，市场发生了非常深刻的变化。2009年后进入“亿元时代”，资本的概念就出现了。

第四阶段是调整阶段。2012年前后市场达到顶峰，之后七八年市场迅速下滑。一部分原因是先前存在各种泡沫、炒作，还包括国家经济转型，政策调整，财富的来源、结构都发生了很大变化，“水”就慢慢“清澈”下来。

艺术品市场的繁荣也催生和带动了相关产业的发展，比如雅昌是跟着嘉德一起崛起的。当年我们跟香港学怎么做画册，学习印刷的精度和要求。我们的图录就在佳士得、苏富比的印刷商——香港徐先生那儿印，徐先生培育了我们，我们又传授给雅昌，雅昌又支持了整个行业的发展，成为今天文化界的一支精英。我记得很清楚，那时嘉德刚成立不久，刚创业的万捷来赛特大厦拜访我。我觉得他留学回来，年轻有为，有事业心，就坚定地支持他。那天，我在赛特大厦后面的一个韩国烧烤店请他吃中午饭，决定把嘉德的图录交给雅昌印刷。雅昌今天成为我们国家印刷界的顶级企业，文化界的一支新锐，跟嘉德当年的支持和整个行业的发展息息相关。万捷成功后，我调侃他说：“万捷啊，我请了你吃饭，你还没有请我吃顿饭呢？”万捷确实一直没有请我吃顿饭。

假拍、拍假

艺术品市场高速成长，整个市场的浮躁、投机、投资、套利行为过重，其中最大的问题是“假拍”和“拍假”。早期嘉德一场拍卖成交额8 000万元，现在一场拍卖成交额30亿元。从嘉德每年的拍卖数据分析，2009年大概是39亿元，2010年大概是70亿元，2011年嘉德的拍卖总成交量是115亿元，可谓三年实现三级跳。2000年前，圈子里面基本上还是在收藏，“非典”后的10年投资行为越来越重。

“拍假”不管是对卖方与买方，甚或拍卖公司都会有影响，但我觉得这个问题还好解决。拍卖是最能杜绝假货的机制，拍卖前一般都有四道程序：自己公司专家鉴定，别人的专家鉴定，出鉴定书，巡展和预展。预展就是拍卖前三天的公开展览，谁都可以来评头论足。纽约、伦敦的艺术品拍卖市场历史悠久，已经很成熟，没有那么多不规范现象。外国艺术市场是先有一级市场，画廊繁荣，再有二级市场，就是拍卖行市场。在西方，拍卖行交易只占整个艺术品交易的20%左右。艺术市场上有一批专业的艺术品经纪人，专业藏家一定都有专家为他们提供专业建议。藏家要付经纪人佣金，经纪人提供专业服务。中国整个艺术品市场发展太快，倒过来了。中国拍卖行太多，交易额一年几百亿元，是个畸形的后发市场，一个早产儿。到目前为止一、二级市场都很不完善，没有专业的代理人市场，需要建立一个经纪人制度。香港学习西方，有相对成熟的代理人市场，买家支付专家费用，由专家代买，买到假货专家得赔偿。内地艺术品市场还是一个江湖，但没有江湖又成不了气候，登不了大雅之堂，市场经济的发展是个过程。

相对于“拍假”，更严重的问题是“假拍”，假拍对拍卖公司声誉冲击很大。假拍使拍卖市场虚假繁荣，带来了泡沫。假拍有两种，一种是有些人因为善意最终造成市场虚假繁荣，冒天价，但这不是真正的市场行为，大家会慢慢怀疑整个市场的真实性。另一种恶劣的假拍就是允许卖家按照自己的定价或者高出一定比例的价格举回来，让真正的买家提心吊胆。虚假繁荣让这个市场不健康，不稳定，波动性很大。另一方面，这几年市场上缺乏学术上的严肃精神，充满了庸俗的炒作，把艺术家的作品用“王级”这种词形容，这样的炒作用与拍卖市场从业人员的素质、文化修养、公司文化和底线都有关系。

在成熟的国际艺术品市场，像纽约或者伦敦，假拍现象不存在，因为市场成熟，它是信誉经济。假拍造成了虚假繁荣，是个毒瘤。我坚信，进行假拍的拍卖行迟早会被淘汰。

国内的市场因为不够成熟和透明，才出现了很多问题。几年下来，我深切体会并认识到市场的伟大，我坚信市场自己会做出调整。也许大家都太急，都想急着去建立些什么，很自然就会出现行为上的偏差。事实上，我们应该坚信这个市场的生态是公平的，经营市场需要的是长远的眼光，需要能够守住本质，拍卖行应该对这样的角色认定有很清晰的概念。

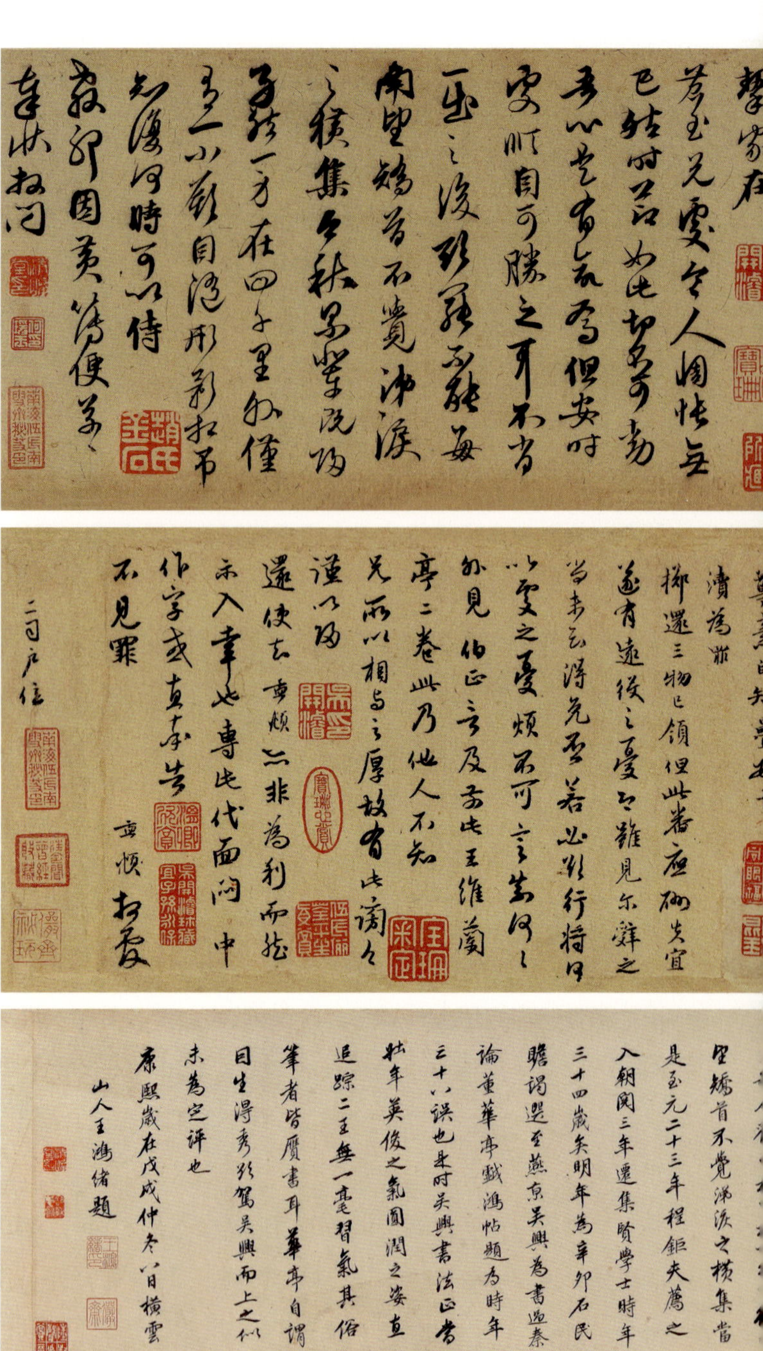

赵孟頫《致郭右之二帖卷》
水墨纸本，手卷；《奉别帖》，16.1 cm × 74.8 cm；《应酬失宜帖》，16.1 cm × 38.8 cm；后跋，20.5 cm × 98.3 cm；
2019 年秋拍成交价：RMB 267 375 000 元

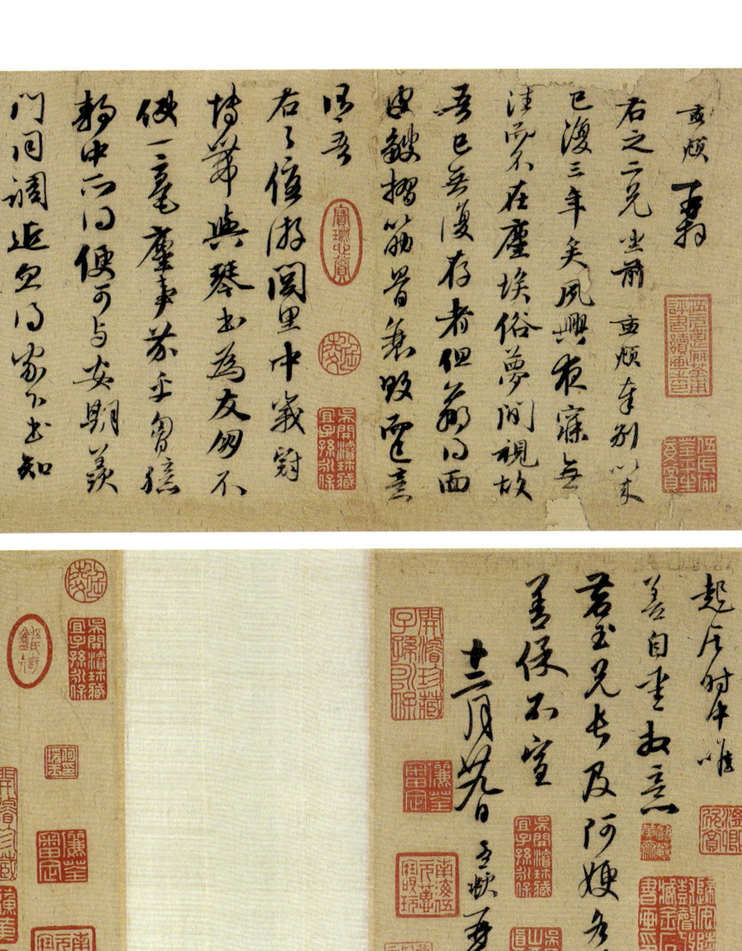

右趙吳興二柬前柬云不肖一出之後欲罷不能又云南望矯首此當是至元戊子時事也吳興以丙戌歲爲侍御史程鉅夫所薦以之入京迄茲三年矣書詞邑邑似有悔焉次柬云遂有遠役之憂雖爾辭之未知得免否此當是遷提舉江浙學事時也吳興雖有濟上之行然以惧忌請外此時不應辭之故知茲爲將向江浙之語也大都士大夫一出山則風塵跋涉必不能以自如何論吳興

萬曆歲在戊午穀雨日

河南王惟儉識

亿元时代

2009 年年底，明代画家吴彬的《十八应真图卷》手卷在凌晨的拍卖中卖到近 1.7 亿元，曾巩书法作品《局事帖》过亿元，几个小时后嘉德的朱熹、张景修等题跋的《宋名贤题徐常侍篆书之迹》拍卖过亿元。这一年不止一件过亿元拍品的出现被众多媒体称为国内艺术品市场的华丽转身，中国艺术品市场就此进入亿元时代。

艺术品价格上涨是社会经济现象的反映，“非典”后到 2012 年的黄金十年经济繁荣，大量的民营企业上市，财富迅速倍增，社会财富随

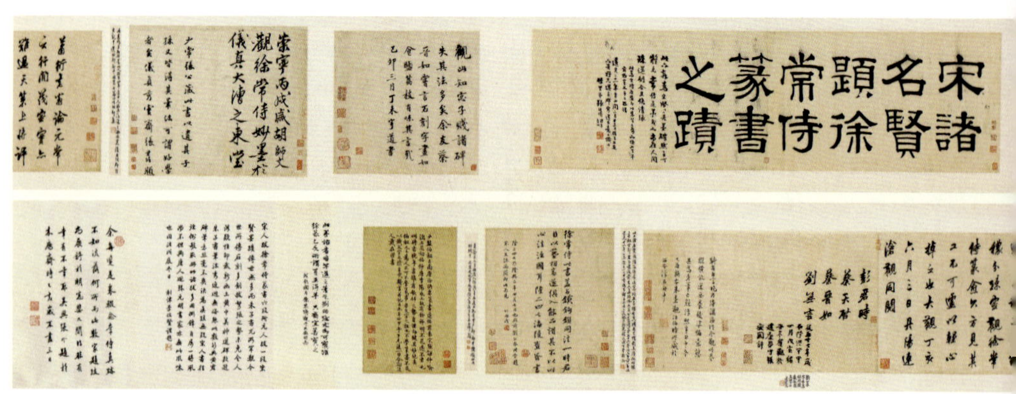

朱熹题跋《宋名贤题徐常侍篆书之迹》
水墨纸本，手卷，2009 年秋拍成交价：RMB 100 800 000 元

之爆炸性增长。再加上宽松的货币政策导致资产流动性过剩，结果带来资产价格的爆炸，太多的热钱追逐这些能够获得回报的资产，包括房地产、股票、艺术品。艺术品价格暴涨，房地产价格翻番。特别是艺术市场盘子不大，获得热钱的追捧更容易，热钱过多必然会把价格抬上去。艺术市场流动性过剩，致使艺术品价格近十年急速上涨，尤其在规模不大的艺术市场中，顶级艺术品价格上涨幅度更为突出，产生了天价艺术品。

2011 年中国艺术品拍卖成交额世界第一，但这个世界第一是不是很扎实的市场，真正的数据需要时间的检验。那时虽处于 2008 年后的经济危机中，但这个市场似乎让人一点也感觉不到寒意，资本进入艺术市场后各板块纷纷进入亿元时代，出现很多高价艺术品，2009 年有 4 件，2010 年秋季有 16 件，2011 年春季有 15 件亿元拍品，总量三年翻番。

市场成长的速度太快，价格爆炸，导致产生泡沫和乱象。积极的方面是，它赢得全世界的瞩目，好艺术品都流到中国来了。现在全世界都是供货单位，买家是中国，这是个好现象。过去大家觉得拍卖会让中国的艺术品外流，国家经济崛起后有很强的购买力，全世界的好文物都回来了，我们应该拍手称快，多年前的美好愿望现在实现了。不管是不是有虚假成分，中国艺术品市场已经成为世界三强之一，这是事实。如果说艺术品天价代表着市场繁荣，这种理解是肤浅的。文化不是用来炫耀的东西，文化是内涵，体现的是中国五千年文明的全面复兴和全面繁荣。繁荣时代应该是开始了，我们应该做好心理准备迎接这样一个时代。

潘天寿《无限风光》
设色纸本，立轴，358.5 cm × 150 cm，
2018 年秋拍成交价：287 500 000 元

40% 的预言

中国大大小小的艺术品拍卖公司有上百家，加上香港佳士得、苏富比这样的国际巨头拍卖公司，应该讲这个市场目前处于空前高涨、空前繁荣，当然也有空前危机潜伏的时期。我们知道股票市场有百年历史，没有永远的涨，涨得最疯狂的时候是灾难来临的时候。艺术市场高增长后的退潮总是会来临，不可能永远涨，这是事实。

2009 年之后的艺术收藏市场，资本好像起到很大作用，艺术品市场迎来了新纪元，进入亿元时代。在英国，一个中国瓷瓶拍了 5.5 亿元，引发国内市场对“康雍乾”艺术品拍卖的热潮。我并不是说拍出天价艺术品就不对，但艺术市场需要孕育过程，迅速拔高的艺术品价位根基是不深厚的。

2011 年底，广州华艺拍卖有个研讨会，李秋波请我去捧场。我去了之后说市场的成交量要下降 40%，别人都说：这不是砸自己的场子吗？很多同行觉得我在唱衰市场。我当时说：“艺术市场的泡沫已经够大了，已经撑不住了，我虽然是做拍卖行的，但从来都说真话。你看明年吧，起码市场成交量要下降 40%。这次秋拍是很寒冷的，大家在强打精神觉得不错。”我是从经济发展的角度说这话的，一般来说，越是疯狂的增长就越预示着哪里已经出了问题。就在这个“预言”之后，2012 年春拍，市场份额缩水几乎近 50%，秋拍还更弱一点。

我在这个位置看得很清楚，连续三年价格翻番，但是几千万的购买力中没有新的大户进来。因为拍卖市场规模太小，容易被炒，从而形成这么高速的增长。就像股票一样，为什么工商银行赚那么多钱，但是股票不涨，因为盘子太大，谁也不能操作它。而艺术品市场太小，稍微有资金流入，价格就会涨起来。艺术品市场涨到一定量，比如上千亿市场时，一两个人操作市场的概率会大大下降，这是资本的游戏规则。

经济是推动艺术品市场发展的主要动力，这种回调是正常的市场反应。这个市场发展 20 多年，当下还在经历发展、高潮、分裂的过程，还不是一个完全成熟的阶段。当然，我觉得它现在应该开始走向成熟了，这个阶段一定要靠服务、专业、诚信才能长久地走下去。

市场格局

中国的艺术品市场要走向规范，需要一个过程。从中国的经济情况看，我称 21 世纪的第一个十年是“黄金十年”，是中国财富以十倍、几十倍高增长的时代。艺术品市场与经济一样，几年间巨量的增长是之前没有人想象到的，拍卖行与收藏家等各方力量都做出了重要的贡献。

当然，快速增长也隐含很多危机和矛盾，甚至导致市场不健康，不成熟。一个持续健康稳定的市场比一个大起大落的市场更重要，所以我们呼吁收藏界、拍卖界一定要维护和培育这个市场，一定要使这个市场更健康，更持续，这样有利于所有人，既有利于收藏家，有利于投资家，有利于买家、卖家，又有利于拍卖行。炒作、弄虚作假最后只能搬起石头砸自己的脚，我从来都持有这个观点，20 多年一直不变。

中国艺术品市场未来会像西方以佳士得和苏富比为市场主导一样，即形成集中在几大拍卖行的局面，实际现在的市场已经比较集中。这个市场会集中在少数拍卖行，但是走专业道路的中小拍卖行会很多。英国、法国小拍卖行很多，但是顶级的艺术品拍卖行最终全世界就集中在苏富比和佳士得两家。严格讲，中国现在的拍卖行第一梯队是嘉德、保利，第二梯队是西泠、广州华艺、荣宝和匡时。艺术品拍卖行是一个高度的信誉垄断行业，当你的品牌崛起后，这种力量是很强的，有信誉的拍卖行的议价即使比别的拍卖行高出 20%，买家也愿意来，信誉度高，流通性强。

吴大羽《飞光彩韵》
1980 年，布面油画，
53.5 cm × 39 cm，
泰康收藏

入股苏富比

从金融危机开始，就有几次中介机构主动找上门推荐我买入苏富比的股票，但当时时机都不太成熟。到了2016年，由于全球艺术市场的周期等各方面因素，苏富比的股价一路走低，此时的泰康也具备了一定的实力，趁着苏富比股价被低估，我决定尝试入股苏富比。

作者与苏富比前全球总裁兼 CEO 施泰德（Tad Smith）在苏富比总部会面

从最开始确定这个想法，到最后泰康成功入股苏富比成为第一大股东，前前后后花了将近一年的时间。我儿子陈奕伦从小看着我创立嘉德，对拍卖耳濡目染，现在在泰康主要负责投资，这次交易他在前方具体执行，发挥了很大的作用。由于在美国资本市场直接进行收购或者要约难度非常大，在经历了计划暂时搁置、更换投行，最后征得苏富比管理层和董事长的认可后，交易最终采取了公开市场收购股份的形式。在这个过程中，我和陈奕伦 3 个月里三次飞赴纽约，每次都只停留一天，就是为了与苏富比管理层增进了解，确保入股计划顺利推进。在我们第二次去纽约的大概 10 天前，苏富比公布过一则消息，说有一个中国的投资者有兴趣增持到 10%，说明市场上还有其他人也想入股。就在我们第二次去纽约当天，市场收盘时曝出了这个来自中国的投资者是盛大。我们当时以为盛大着急公布是为了尽快增持，因为如果不公开自己的身份，需要再多等几个星期，可是直到我们入股完成，也没见盛大有进一步的动作。

按照市场惯例，在公开市场增持股份到 5%，之后会有 10 天的时间进行一系列材料的申报，在这 10 天里，还可以继续增持，最后一起披露。我们就用这 10 天时间，增持股份到了 13.5%。唯一有点遗憾的是，在最后一天晚上我们得到了法律顾问的通知，最后一晚买入的部分来不及包括在最后的披露文件里，如果最后一晚继续增持，就需要在披露的第二天再补充披露。我们担心连续披露增持会造成误解，最终决定最后一晚不继续增持。在整个过程中，苏富比对我们还是很欢迎和友好的。当年我创办嘉德有苏富比“渊源”，后来又创办了泰康，我很感谢苏富比对中国企业家的尊重。我们不是恶意收购,苏富比作为公众公司，新股东进来，这么一大笔投资，对它的股价也有推动作用。我们入股的消息出来后，苏富比的股价一直停留在一个比较高的水平上，我们当时以均价 30 元以下买入，后来的股价基本上没有低过 36 元，相当于有 20% 的溢价。

在美国，上市公司的管理层和股东相对独立，董事长也是独立董事，股东想介入管理，甚至指派管理层，都是非常难的。股份和董事会席位没有直接对应的关系，拥有 10%～20% 的股份也不一定有董事席位。我们入股之前表达了希望进入董事会的意愿，苏富比没有反对，但由于他们当年有反垄断问题的前车之鉴，最后协商的结果是我们可以有一个董事席位，但董事本人不能来自嘉德和泰康或是其亲属。最终我们提名了曾经担任过泰康独立董事的张永霖出任苏富比的独立董事。

正式完成交易前，按照惯例，我们和苏富比签署了一份“中止协议”。内容包括苏富比给予我们的权利，例如可以提名一名独立董事，作为交换，我们承诺三年内不主动增持到 15% 以上。后来由于苏富比持续回购，我们的持股比例被动超过了 15%。经过反复谈判，最后增加了一条协议，如果有其他人持股超过 15%，我们可以增持以确保第一大股东的地位。我们开始接触投行是在 2016 年初，入股 13.5% 是 7 月 28 日，11 月 7 日签署了中止协议，正式宣告这一笔交易告一段落。

中止协议的期限是三年，我们承诺，除非董事会允许，三年内不主动增持超过 15%。在实际操作中，三年期满后，如果董事会不允许增持，我们依然增持也会被视为恶意收购方。原本希望通过三年时间让双方建立互信，再扩大我们在苏富比的股比和影响力，但在 2019 年 6 月，我们得知市场上出现了一个收购方，想要将苏富比私有化。6 月 17 日，对方正式宣布要高价全盘收购苏富比，采取了一个超过 50% 股东同意就能通过的特别架构，由于苏富比的股东里绝大部分是财务投资者，如果没有竞争对手，收购成功基本上没什么悬念。当时我们也商讨过不同的选择，包括与收购方合作、加入全资收购争夺、卖出股份等。最后综合考虑国内外的政策差异和可能遇到的挑战制约，我们还是放弃了收购的想法。在这个过程中，我们感受到了自己对海外资本市场的了解还是不够，但这是一个很好的契机让我们去学习了解。

我一直坚信中国的艺术品市场和西方的艺术品市场会齐头并进，成

作者与苏富比全球董事长多米尼科·德索尔（Dominico De Sole）在泰康商学院欣赏泰康的藏品

为世界艺术品市场的两个核心支柱。由于各自的发展历程、客户群体的审美偏好和艺术品类的市场分布不同，西方拍卖行的优势领域主要集中在当代艺术、瓷器、珠宝、酒类，而中国的拍卖行，比如嘉德的优势领域则是中国书画、古籍善本等。东西方两个市场“各美其美、美人之美”，一定会谱写出一幅别样的世界珍品画卷。

以学术引领市场

在艺术品市场中，变化是常态。2008 年，华尔街金融危机曾经引发各路买家的恐慌，但因为中国政府很快出台了“一揽子”经济刺激计划，市场行情到 2009 年就陡然反转，大量外部资金涌入，使艺术品市场进入价格井喷的“亿元时代”。

到了 2013 年，中国 GDP（国内生产总值）增速减缓，“钱荒”开始爆发出来。股市、房市双双下挫，艺术品市场也进入调整期，拍卖价格出现了“两头高，中间低”的局面。精品和入门级艺术品的需求量和价格都在增长，但是中档、中高档艺术品的价格和成交量反而下降。

学术引领发掘价值

我曾在嘉德成立时说过：“对于收藏来讲，一定是学术引导市场，可能中间有些阶段市场会左右学术，但从艺术史的发展脉络及市场的属性和规律来看，必定会回归到由学术引导市场上来。”以学术引领市场，引领收藏，如今已经是中国嘉德贯彻的品牌经营策略。

大观夜场拍卖现场

现在回过头看，嘉德的书画平台已成为全球中国书画交易的风向标，毫不夸张地说，在嘉德能看到中国整个书画市场和收藏市场的走向。

从 2013 年开始，嘉德在中国书画领域开始细分专场，遵循美术史脉络，从学术角度梳理拍品，例如为纪念嘉德 20 周年，我们在春拍“大观”夜场中增加了私人珍藏板块，首推老舍夫妇旧藏，大获成功。2014 年为纪念齐白石的 150 周年诞辰，特别增设“齐家万象”专场，其中推出 28 件重要齐白石作品，并且大多是首次出现在拍场的“生货”，最终取得成交率 93% 的成绩。拍得最好的一件是《花虫人物册》，以 4 197.5 万元成交。站在大观拍卖的现场，我看到了大家对市场中顶级作品的判断、认识，以及追求的勇气和出价的兴奋，仿佛回到了 2011 年前后艺术市场的鼎盛时期。

中国艺术品市场进入调整期后，拍卖市场逐渐走上良性化的路线，藏家也变得相对理性。更多的资金、更多的藏家会追求顶尖的拍品，而这恰恰是嘉德的优势。2015 年嘉德包揽全球中国近现代书画拍卖价三甲； 2016 年曾巩的《局事帖》以 2.07 亿元雄踞全球中国古代书画拍卖价榜首； 2017 年黄宾虹的《黄山汤口》拍出 3.45 亿元，大幅度打破黄宾虹作品此前的拍卖纪录；2018 年潘天寿的《无限风光》拍出了 2.875 亿元，再度刷新潘天寿作品拍卖纪录；2019 年赵孟頫《致郭右之二帖卷》以 2.67 亿元成交，创赵孟頫作品最高价纪录，问鼎全球中国书画拍卖之冠。

老话说，真金不怕火炼，重要艺术家的重要作品在市场上永远都是被争相追逐的热点。每年征集期间，嘉德的业务专家都要各地奔波，寻访最珍贵的艺术品，他们每年飞行的距离足够环绕地球几圈了。正所谓一分耕耘一分收获。当然，更要感谢那些藏家，他们把这些珍品交付嘉德上拍，这份信任和支持，总是让我深受感动。

有人问我，嘉德制胜的法宝是什么？我想，以学术引领市场，发掘拍品潜在价值，这是至关重要的一项，艺术品拍卖行业把嘉德当作领头羊、风向标，很大一部分原因也在于此。

多元化的市场需求

市场格局在变，藏家们有什么变化呢？

首先，他们一边追求顶尖的藏品，一遍打磨自己的鉴赏水平，他们变得更理性，不再人云亦云、盲目追随市场热点，收藏品位也更丰富、更多样。新买家不断入场，他们的身份包括投行人士、IT 从业者、文化产业人士，甚至律师、医生等。这些新藏家大多是各行业的翘楚，有丰厚的知识储备，对艺术品又有很高的认知标准，有经济基础，追求精神享受。需求在变，市场的策略就必须随之变化，拍卖行除了经典艺术品外，还必须要有消费级、奢侈品的板块，这样才能满足多元化的市场需求。

嘉德的经营策略一贯以稳健著称，注重细节，同时也一直坚持创新，脚踏实地从实践中体会市场需求、客户需求，积极开拓市场，“敢为天下先”。碑帖、印谱、紫砂、当代瓷器、当代玉雕、茅台酒、红酒、威士忌、茗茶、珠宝尚品、金银器、名人手迹签名等近年来都得到大力开拓。

名人手迹、签名收藏在西方有悠久的历史和广泛基础，但对中国藏家来说，这还是一个陌生的领域。2013 年嘉德春拍，推出了一件拿破仑 1806 年给其子尤金王子的亲笔信。信中主要交代了军费问题，第二页左下角有拿破仑的亲笔全名签名，保存完好，极为罕见。此信札一经推出就吸引了社会各界的强烈兴趣，最终以 304.75 万元成交，打开了中国名人手迹签名收藏的市场。

还有嘉德四季拍卖会，也是一块非常好的金字招牌，这并不是因为嘉德四季可以卖很昂贵的东西，或者说有很多很惊人的拍卖成绩，相

2017 年，嘉德艺术中心落成，作者给首拍开槌

反，这更多是一个贴近大众艺术品收藏的平台。从“大礼拜”到“四季”，从“杂家”到“专家”，嘉德四季日益成熟。这成熟不仅仅是成交额的不断翻倍，更是拍品结构、拍品质量的飞升。正所谓“遗珠拾珀”，有很多好作品都“漏”到了四季，时常一场能有几十件诸如齐白石、黄宾虹、张大千这样名家的佳作上拍，拍品产生了“群聚”效益，对藏家有吸引力，也形成鲜明的品牌特色。

张培力《仰面的泳者》
1986 年，布面油画，99 cm×79.5 cm，泰康收藏

当代艺术

谈到中国当代艺术市场，嘉德首拍时就有张晓刚、周春芽、刘小东等艺术家的作品。从1994年至今，嘉德是唯一一家没有停拍过油画、当代艺术的拍卖行。嘉德培育和带动了当代艺术市场，在国内艺术品拍卖市场，尤其是中国油画拍卖市场的发展上，嘉德功不可没。

我在大学里读过《徐悲鸿传》《凡·高传》，还有一本小册子《什么叫印象派》。刚做嘉德的时候，我知道毕加索，我也知道齐白石，但张大千，我就真的不知道了。改革开放后各种思潮涌进来，我们这些外行人那时跟艺术界一点关系都没有，艺术界的人一个人都不认识，但我们很自信，我们有一个判断：中国没有的，我们第一个做就能成为行家里手。

我对当代艺术的参与可以向前追溯20年，当年我在嘉德时筹划的第一场拍卖中就有当代艺术作品，记得那时张晓刚他们一张画卖几千美元。但我对当代艺术的了解，还是从认识栗宪庭先生开始的，他1992年组织画家参加威尼斯双年展，推出了方力钧、张晓刚这批人。通过栗宪庭这条线，我才知道了“星星画派”“85新潮”“89现代艺术大展”。那时这类艺术真是非常非主流的，当代艺术被视为另类存在。我最开始

肖鲁《对话》
1989 年，装置，240 cm×270 cm×90 cm，泰康收藏

看当代艺术也不能完全接受，感觉它们就像群魔乱舞。后来慢慢熟悉、认识，再看看西方走过的道路，意识到随着中国社会的变革发展，当代艺术总有一天会成为主流艺术的一部分，所以我下决心支持它，最后就走上了收藏的道路。这是一个渐进的过程，并不是一开始就立志要如何做。在当代艺术还不被主流认同的时候，我开始资助艺术家，但没有买过画，没想通过他们赚钱，到今天我也不后悔。

从拍卖的角度看，艺术品市场遵循“拔桩论”，有人说：“哎呀，曾梵志作品比齐白石作品的价格都高！”这话有意义，也没有意义。当代艺术品的投资群体多，它的价格就高，那么别的就相对低，相对低就开始有足够的空间。这就是拔桩，像击鼓传花一样。拍卖行这些年也有很多的创新，比如景德镇的当代瓷器，本来我觉得这根本没市场，但是它的价格真的就上去了。现在嘉德的拍卖，新瓷、紫砂壶、石头都发展起来了，邮票、钱币、铜镜市场也在我们的坚持培育下成了气候，但这些的前提是要有经济的量做底子，有了收藏群体，就会有新市场崛起。中国艺术品市场的主流还是书画和古董，当代艺术只是这个市场中的一个分支。前几年当代艺术最热的时候，蔡国强的作品能卖到 7 000 万元，当时最贵的书画也只有四五千万元。但是今天呢，齐白石的作品能卖到 4 亿元，当代艺术品暂时是不可能卖这么高价钱的。市场的校正力量是很强大的，艺术品市场就是拉板块，如果书画价格高了，当代艺术品的价格就相对低了，那么这个板块的投资机会就来了。过去当代艺术价格太高，现在古董和书画板块的价格就上来了。现在回过头再来看当代艺术家，张晓刚的三联画《生生不息》卖到 8 000 万港元，这应该就是市场的标准了，后来齐白石的作品卖到 4 亿元，李可染、徐悲鸿的作品近 3 亿元，是 8 000 万的四五倍左右，我觉得这是合理的。

我必须承认一点，在创办嘉德之后，我确实更加强烈地感受到中国传统文化的历史感和博大。中国画蕴藏着深厚的文化本质，这样深厚的本质却能以一种较为内敛的抽象语意来表现。而中国的油画其实也有着强烈的文化本质内涵，但是油画的表现则趋向于直觉、直观与原始性，这两者都会在未来具有其国际性地位。

现在已经形成了“中国油画”的概念，虽然其形式是西方的，但内容、气息是中国的。“中国油画”已经成了中国艺术的一部分，因此也形成了它强大的市场。当代艺术是一种观念性强的艺术，是带有其自身价值观的。同时当代艺术极具颠覆性和创造性，它强调某种观念，而非技巧。比如水墨、油画，技巧上可以超级写实，技巧到顶尖，是有穷尽的。但是当代艺术就是一种“设计主义”，强调观念、思想，而思想总是带有独立性和批判性的。

1994 年嘉德开始拍油画，一直坚持到现在。第一场就已经有了张晓刚、何多苓等很多当代艺术家的油画作品，也就是说嘉德在很早就看到了中国当代油画在未来的发展空间，虽然当时中国当代油画还属于另类艺术，在国内没有受到社会重视，那时即使对于西方藏家而言，中国当代艺术也是一项新鲜的收藏。20多年过去了，如今油画已经发展成与古董、中国画并列的拍卖市场的三大支柱之一，发展势头很好。但中国当代艺术的发展时间太短，这确实是件很麻烦的事。尤其是多数艺术家都还在世，当市场在炒作某个艺术家的作品时，艺术家自己不免只能眼睁睁看着，不管创作的时间是此刻还是10年前，市场就好像在艺术家面前上演一场撕裂战，艺术家看着那些作品在拍卖会上创下天价，但却与自己一点关系也没有，那种感觉说来似乎有点不太真实。尤其是遭遇拍卖市场出现当代艺术作品价格超越古画的价格时，就格外凸显市场上两极看法的对立。好像古画价位高、当代作品价位低才称得上合理，绝对不能让当代作品超越了古画的市场行情。这样的情况，也不免会给人以市场有价值错乱的感觉。

像我们那个年代，改革开放有着很强的模仿痕迹，创新就是率先模仿。中国最早的当代艺术也是创意模仿，强调的所谓“观念”，就是带有批判性的独立思考。第一波当代艺术都是对公有经济、集体主义的批评。今天的中国个人主义泛滥，新一代的当代艺术家调侃、反讽物质主义、肉欲主义，反映城市带来的拥挤、现代人生活的焦虑。当代艺术在中国反映现实的多元和相应的思考探索，其正在发展和兴起中。真正的中国当代艺术应该反映中国现实的问题，反映中国人自己的生活，带有中国特色。所以，我认为中国当代艺术在未来一定会有其应有的地位，而它的未来发展也会是必然的。国门初开时，西方艺术涌进，中国艺术还处在实验或者过渡中，刚开始不会真正形成中国本土的“自主知识产权”概念。很多东西都是先被模仿，再本土化。中国当代艺术的复兴可能是80后、90后这一代人才能够完成的历史使命。

收藏的态度

经济的发展必将带来文化的繁荣，改革开放之初，国家外汇极端短缺，为了争取外汇，20 世纪 80 年代艺术品交易的主体——文物商店和工艺品进出口公司把大量的文物低价卖出去换外汇以支持国家建设。现在中国经济起飞进入资产快速增值的阶段，艺术品价格持续升高，文物古董和艺术品市场空前回流和繁荣。从 1993 年我创办嘉德，至今 20 多年，我目睹和经历了中国艺术市场规模从起步到百亿元时代的三级跳发展。

财富的高增长，催生了中国中产阶层的兴起和社会消费结构的变化，一个庞大的中等收入群体和高端收入群体正在日益兴起，人们的消费理念和生活观念正在发生根本性的变化，投资意识的觉醒和投资渠道的多元化，使一些企业和社会机构也开始把目光投向艺术品收藏，争相介入文物艺术品市场。文化消费已经成为新的潮流，中国正在产生一批真正的私人收藏家。

收藏，就是保藏艺术和历史时代。大众是文化的创造者，保护文化艺术传承创新却需要长久的财力。进行艺术品的收藏和保管需要一定的经济实力，优秀的企业和企业家们是优秀文化和艺术家最忠实的盟友。

孟禄丁、张群《在新时代——亚当夏娃的启示》
1985年，布面油画，196 cm×164 cm，泰康收藏

我说过一句话：大企业家或有钱人实际上是文化艺术的守护神，没有他们就没有艺术创造。凡·高光照人类，死后作品拍到几千万美元，全世界知名，他虽然自己不知道，但他的生命在延续。企业家们保护文化，和艺术家共同繁荣这个市场，让艺术生命和精神延续，所以企业家或者说收藏家是艺术品市场的真正守护者。就像在意大利，没有美第奇家族就没有文艺复兴一样。

收藏家享受的不光是拥有一件艺术品，更重要的是和艺术品之间的交流和对话，所以收藏需要文化和修养，也能培养文化和修养。当年创办嘉德的时候我常引用莎翁的一句话："一夜可以成就一个暴发户，但是培养一个贵族要三代。"文化需要积淀，是修养的积淀，是在人生实践过程当中的修炼和提升。收藏是十分奢侈的行为，前提是要有钱，但不是有钱人都能成为收藏家。时代给予了我们这样一个机会，财富来得很快，增长得很快，大家都觉得自己很成功，是世界上最厉害的人。整个社会变得浮躁，这是暴发户心态的表现，所以尽管经济增长很快，但大家却有很多意见。艺术品不比房地产，房地产价格上涨的时候，谁去买都会赚钱。艺术品不能标准化，非常个人化。现在是盛世，很多人有钱来投资，是因为它一直在涨价，价格疯涨的时候，大家心态急躁，人人都变成了投资家。和房子一样，艺术品被买来卖去的，如果有一天世道不好了，价格涨得慢了，卖不掉了，人们就把它留在手里研究，天天看，天天品，慢慢就成了收藏家、鉴赏家。收藏家是需要时间培养的，市场疯狂上涨的时候没有收藏家，不涨的时候却可能培养出鉴赏家、收藏家。

真正的收藏是件有魅力的事，是既享受又辛苦的事。真正的收藏家总是跑来跑去到处看东西，找东西，找到了就跟其他收藏家交流一下，大家分享，或赞叹，或嫉妒，又爱又恨，那股劲就是魅力。艺术品不同于其他商品，它的文化内涵和艺术审美本身蕴含着巨大的市场价值，所

周春芽《中国风景》
1993年，布面油画，
194 cm×130 cm，
泰康收藏

以有投资性是毋庸置疑的，也反过来让艺术品收藏更多了些刺激。现在很多人搞收藏是为了投资也无可厚非，但如果能增添进一点真正收藏的乐趣不是更理想吗？

以前的收藏家在把玩藏品的同时也是赚钱的，收的东西不一样，赚的多少不一样，收的方法不一样，赚的多少也不一样。我认识两位老藏家辛冠洁和王力先生，他们都是当年的老干部，喜欢收藏。不一样的是，辛老专门掐尖，买好东西，王力就喜欢便宜的东西，花 10 元、20 元去买一堆。当年辛老买的齐白石作品，一幅山水画 80 元，另两幅 160 元，《山水册页》大概三四百元，总共花了大概 600 元。后来他把东西拿到嘉德来卖，三件齐白石作品卖了 1 100 万元。王力很多东西一共卖了 100 多万元，其中两件就占了一半，一件是当年在和平饭店一帮人每人花 110 元抓阄摸画，摸到什么是什么，他摸了张李可染早年创作的一尺半的山水画，还有一件是他当年去杭州出差求潘天寿给他画的一张小品。辛老跟我讲过，收藏有几个境界：先是画，然后是书法，书法之后是“黑老虎”，就是碑帖，最高境界是收古版书。当年他们老干部，买张普通齐白石作品花 10 元，买张明清的古画花 50 元左右，买张唐伯虎作品花 300 元到 400 元，买一套宋版书要 5 000 元。我们 1994 年秋天的书画拍卖里大概 1/5 是古画，我记得很清楚，扬州八怪画得很好的画就值 3 万元、5 万元、8 万元。当时辛老就跟我讲，太便宜了，太便宜了，它们未来一定升值最快。

企业收藏有三点很重要。第一，艺术品有储值的功能和价值。储值不等于增值，做收藏也不等于投资。第二，企业收藏包含的很重要一方面是文化公益，就是对艺术要有自己的视野和理解，收藏要有一定的方向、目的和框架。泰康收藏是有目的的，我的事业起点是艺术品，所以我要回馈它，这是很简单的想法。第三，收藏是企业品牌和形象的一部分。世界著名的金融企业比如瑞士银行等都有自己的收藏。当年瑞士丰泰保险公司在欧洲只能算是中级保险公司，但我去看过他们的收藏博物馆，这样一个中小型保险公司对当代艺术的收藏已经有几十年的历史。

社会上真正懂得和了解艺术价值的人与追逐艺术品价格的人都有，这两者也有相关性，并非是对立的。因为艺术品的属性，收藏必然隐含着投资成分在里头，只是前几年整个市场环境特别是媒体的推波助澜会比较容易凸显艺术品收藏的投资性，但这并不意味收藏的全部就是如此。市场发展的时间短，可做参考的经验还很缺乏，出现一些乱象也容易让人觉得没有秩序。投机心态产生的种种不踏实的作为加上急于求成，都会使人们看待艺术的眼光变得短浅，影响对收藏的认识。我们都很清楚，整体艺术生态的交易、展览、拍卖，即便是创作本身，都会与经济的成长相辅相成。只是在市场历史过短、环境又过于急切的双重影响之下，不免让人们对待文化时失去了冷静的心态与长远的眼光，让市场存在极端不安全性。

做自己的事，不要想太多，这样的说法或许听起来很简单，但真正执行起来就不见得很容易了。我曾经怀抱着极大的使命感，但却被市场狠狠地刮了一记耳光，这个经验让我学习到保持一个纯粹的做事心态很重要。在这个英雄辈出的时代里，长期坚持原来的信念或许会让人觉得你做的事情不够绚丽夺目，但纯粹也意味着本分。就像泰康空间累积了 10 年后，才推出首届收藏展，到现在也只办了三次。收藏展在我的眼里不单单是个展览，而是一项汇报，我们向社会报告这十几年来我们坚持的道理在哪里，我们向大众汇报坚持本分的行事风格，固然不会因为在市场大起时乘胜追高而赢得注目，也没有因为市场下跌而大量买进以赢来注意的眼光，这十几年我们始终把自己放在追求艺术、学术本质的位置上，投入培育当代艺术家的扶植计划，没有轻易背离初始轨道。我想，能够长期坚持做事的本分，就是对艺术生态最好的一种作为，也可以作为市场风浪中的一个收藏样本供大家参考。

艺术的发展从来就与资本相伴，我们有能力、有意愿承担更多社会责任，为社会发展和子孙后代而收藏。今天我们正经历着从投资到收藏的转变过程，经历从投资进入鉴赏的健康发展阶段，相信未来一定会出现富于审美情趣，会长久鉴赏的收藏家群体和民间美术馆，到那时候，中国的艺术品市场将更健康，更兴旺，更繁荣。

现在还有个问题是，真正有实力的大企业和大企业家还没有完全进入这个行业。所有的市场都有一个培育的过程，我相信像马云、郭广昌、马化腾、李彦宏这些人迟早会进来，这个艺术品市场最终也会跟有高文化素质的企业家紧密相连。所以虽然浮躁是整个社会的现状，但我对未来还是持乐观态度。让我们加强交流，互相切磋，为正在崛起的中国文物艺术品市场注入新的活力，为繁荣中国文化艺术产业、丰富世界文化宝库做出自己的贡献。

回馈

齐白石《紫藤》

设色纸本，立轴，131 cm×31 cm，

1995 年秋拍成交价：RMB 1 870 000 元

杨永德藏齐白石书画专场

在文物艺术品市场中，“海外回流”这个词，不知不觉变得和《石渠宝笈》一样耀眼，一说海外回流的文物，好像平添些高贵和稀有的感觉。

嘉德刚刚创建的头两年，拍卖越是成功越是激起文物界一些人的愤怒，好像拍卖的文物都被海外的有钱人买走了，拍卖加速了文物的流失，拍卖就像卖国一样。虽然这并不是全部的事实，但光是这样的言论和舆论就足以让嘉德这棵幼苗夭折在改革与保守两派的斗争中。我们是外行闯进来办拍卖，尽管有众多开明领导的支持，但是要改变嘉德拍卖在文物市场中的形象，光靠领导支持是远远不够的，必须以事实让大家看到通过拍卖文物回流了而不是出去了，文物拍卖有利于国家文物的保护，嘉德要起到这个作用才能站稳脚跟。所以 1995 年秋天，也就是我们开始拍卖的第二年，我们举办了“杨永德藏齐白石书画专场”。

杨永德先生是香港的大收藏家，收藏了很多齐白石作品，他给了我们 165 件，拍了将近 1 300 万元。这些东西要在现在肯定百分之百成交，但当时大批量的齐白石作品上市拍卖，其实成交率并不太高。这是国内第一次因为拍卖促成境外流失文物艺术品大量回流，媒体有很多的报道。和我之前分析的一样，拍卖可以让文物大量回流，一下子把拍卖从“卖国”变成了“爱国”，从此改变了拍卖在国内的形象。

作者与杨永德先生合影

杨永德这位老人做了一辈子生意，而我是书生下海，没有经商经验。当时他让我付1 500万港元保证金，我老觉得他要得太多了，想说我就付1 000万元人民币，我一说到嘴边他就给我挡回去，我总是没机会开口。别人都说他那里面东西有些不对，我就想说要挑挑，还没说他就先说不能挑。他太知道我要说什么了，总是挡在我前面。我在这个老人面前没有一点对抗的力量，可以说束手无策。他也让我学到了很多，我们结下了深厚的友谊，嘉德成立20周年的时候，他把他存留的几张齐白石作品全拿来支持嘉德了。

与“杨永德藏齐白石书画专场”同时举行的，还有大导演李翰祥的“清水山房藏明清家具专场”，这是嘉德第一次做专场。1995年秋拍嘉德有两大贡献，一是促成文物大面积回流，二是国内从此有了“专场”的概念，都是首创。这个专场意义重大，但1 500万港元的保证金也让我丢了张先的《十咏图》，改变了书画市场的格局，这事我一辈子忘不了。

翁氏藏书

嘉德的崛起，发掘好的拍品是一个重要因素，这也是文物艺术品二级市场的竞争核心之一。过去这20多年，很多好东西都是在嘉德过的第一手，光古代珍品就有隋代贤人书《出师颂》、唐代怀素的《食鱼帖》、王羲之的《平安帖》、赵孟頫的《致郭右之二帖卷》、宋徽宗的《写生珍禽图》、宋高宗书法《养生论》、南宋朱熹的《春雨帖》、明代仇英的《赤壁赋》、清初石涛的《高呼与可》。近现代的更加丰富，傅抱石《丽人行》、黄宾虹《黄山汤口》、潘天寿《无限风光》等，都是稀世奇珍、国之瑰宝。

古代珍品中古籍的故事也很多。古籍善本是嘉德最早开始拍卖的。古籍的开设不仅开创了行业的一个门类，随后的很多制度也都跟古籍拍卖有关。在这方面我们为国内古籍典藏做了很大的贡献，推动并促成征集来的重要古籍回归到国家图书馆、上海图书馆等重要机构。最著名的当属"翁氏藏书"的事了，这在当年是很大的一件事。

1997年前后，嘉德到天津征集拍品，有一天来了一个气度不凡的老头，问卖不卖宋版书，拓晓堂很敏感，拉他一聊，他说自己姓翁，问他是不是翁家后代、有没有宋版书，老头说美国的亲戚家有。他这亲戚

翁万戈夫妇

翁万戈与启功

叫翁万戈，是清代支持康有为变法的翁同龢的第五代孙。

所谓“翁氏藏书”是指从翁同龢父亲起，江苏常熟翁氏家族延续了六代的藏书，是清末的九大藏书之一。据拓晓堂讲，“翁氏藏书”很早就销声匿迹了，最近一次露面是在 1985 年的美国“中国善本书展”上，震动学术界、文物界，之后就没有了消息。这次翁家后代的出现，让他非常欣喜。

去美国见翁万戈的是王雁南。走之前拓晓堂给了王雁南好几张纸，上面写了翁家的几代关系，谁过继给谁，谁又过继给谁，我才知道这个家族这么大，分支这么多。王雁南说背了好几天，才慢慢记住。原来，翁同龢父亲把家藏传给他，但他没有子嗣，又把哥哥的儿子过继来继承，这儿子后来也没有子嗣，又从家族另一支血脉里过继孩子来继承，到翁万戈已经是第六代传人。

翁万戈住在美国山里，王雁南几经周折见到了翁万戈和他夫人，老两口七八十岁高龄，自己驾车接王雁南。王雁南回忆说:“当时互联网还不发达，我们用传真联系。他的传真写得清清楚楚，一丝不苟，给了我一个特别详细的路线，怎么走，换什么车。路线的最后一程是长途公共汽车，车上全部是黑人，一下车我看到一对华裔老夫妇。我们相互寒暄

傅熹年、杨新、章津才、冀淑英、王世襄、朱家溍等专家鉴赏翁氏藏书

了一下，坐上他们的车就走了。翁先生开车，翁太太在旁边坐着，一路上大家总是说话。他开车并线也老是不对，挺逗的。头几次都是这样去的，后来几次，他们年纪越来越大，就不好开车了，我们就自己开车上去，还带吃的，带垃圾袋，吃完弄完，东西扔到垃圾袋里拿走。后来翁太太去世了，90 岁的翁先生一个人生活。”

据翁万戈说，他也是被过继来接手这笔家藏的，当时才两岁。20 世纪 30 年代他到美国留学，新中国成立前为躲避战火带着家藏转移到美国。他细心呵护“翁氏藏书”60 年，潜心研究，还写了好几本专著。对于这批藏书，翁先生开价 450 万美元，要求不公开拍卖，让嘉德代为寻找买家，并且只允许卖给国家。我们很想促成国家图书馆来买，嘉德就给国家文物局写了一份报告，汇报这件事的重要性，但这封信石沉大海。为了给这批藏书找到最好的归宿，寇勤费了很大心血。嘉德觉得专家的意见对促成这套藏书的收藏会有很大作用，于是就和启功、傅熹年两位先生商量，联合了十几位老专家，由傅先生亲笔起草了一封联名信。为推动国家图书馆买到这批藏书，在信上他们把国家图书馆任继愈先生的名字放在最前面，后面按岁数排序联名签字，季羡林先生排在任继愈之后。寇勤为这事不辞辛苦，几乎挨个跑去找老专家们签名，他今天回忆起这事仍然记忆犹新。他到国家图书馆去见任继愈，任先生先给每个老专家电话通报了这件事，跟他说："全部都打好电话了，我跑不动，你辛苦一下，跑一圈找他们签字吧。"寇勤第一个找季羡林先生。那天下大雪，他跑去北大，一看表，不对，不到两点钟，怕老爷子歇息不敢进去，就坐在车里等着。按门铃之后，出来的是一位女士，是帮助季先生整理资料的李老师，有名的挡驾派，问他是谁。他说是嘉德公司的，李老师一听是公司的，不太想开门。这时就听里面季先生说："嘉德的，快让他们进来。"见面时季先生跟寇勤说："你们嘉德做了一个好事。"他们聊了会儿天，季先生把字签完，寇勤起身告辞，老爷子居然要去拿大衣、帽子亲自送他出去。可见季先生对嘉德做这件事感到很感动。还有北大的周一良先生，当时患中风右手已经不能动了，说："我已经看不了这个东西了，你给我读吧。"寇勤把信读了一遍，周先生说任老给他打了电话，对读的内容没有意见，可以签名，手哆嗦着签了一个名。那个院里面除了周一良先生以外还有张岱年先生，家里满是一股中药味。在宿白先生家，他很严肃地告诉寇勤，里面有一个字打错了。后面还有金冲及、冀淑英等，一共十几位老先生。没有寇勤多日的辛苦奔波，这封信恐怕难以完成。这封联名信由专家们都签完字后，就由国家图书馆送到了国家文物局。因为担心到哪儿弄钱的事，张文彬耽搁了几天，后来他也签了字，又送给文化部孙家正部长签字。这封信从孙部长那里到了国务院，文化部和财政部开始协调谁出钱，出多少。就在这个时候，首都博物馆和上海图书馆都听说了这件事，都想要这批藏书。三家都是重要的国家机构，大家都要，给谁呢？嘉德就把这个局面告诉了翁先生。翁先生就说了一条，谁快就是谁的。最终这批藏书被上海图书馆买去了。

2000 年 4 月，“翁氏藏书”交接仪式在上海举办，王雁南跟寇勤去的。上海派特警部队来北京包了一个车厢把这些书运过去，因为按照规定，大批特级文物是不能用飞机运输的。

前后三年的努力，失散海外半个多世纪的“翁氏藏书”被上海图书馆以 450 万美元的高价购回，全套藏书包括古籍版本 80 种（542 册）、宋代刻本 11 种（150 册）、元代刻本 4 种（50 册）、明代刻本 12 种、清代刻本 26 种、名家抄本稿本 27 种，是目前保存的最重要、最完整的中国古籍善本。任继愈、季羡林等十几位著名学者在联名信中对这批藏书有极高的评价：“有些书是学人仰望而不知其存否的，有很高学术价值的善本，应属国宝级重要文物，是国内外图书馆所无的珍籍。其珍稀程度和价值超过美国所有图书馆所藏中国古籍之和。”

2005 年嘉德古籍部还拍卖过著名的“过云楼藏书”。过云楼是苏州著名的私家藏书楼，有“江南收藏甲天下，过云楼收藏甲江南”的美名，经过六代人 150 年的传承，藏有从宋元至明清佳刻的古书和碑帖共 800 多种。第一次我们拍卖这批藏书，以 2 310 万元创下当时中国古籍拍卖的最高价。7 年后，这批书又以 9 倍的价格被江苏凤凰出版集团收购。

“翁氏藏书”和“过云楼藏书”这两次拍卖，成了中国古籍拍卖的经典故事。

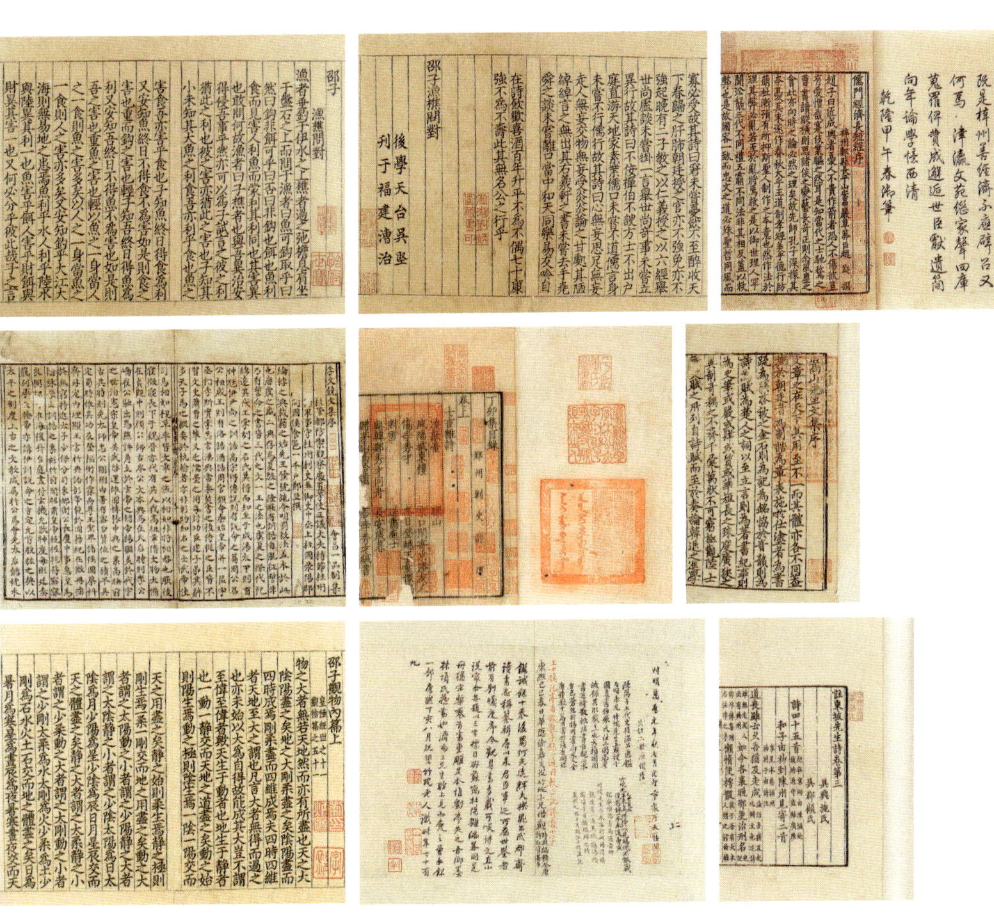

翁氏藏书（部分）

合璧的国宝《出师颂》

嘉德这 20 多年，遇到两场很轰动的官司，都在社会上引起了很大的风波。第一起跟我们的客户有关，是 1998 年刘春华因《毛主席去安源》拍卖被诉，在社会上引起人们对“文革”作品的著作权和国有资产拍卖的关注。另一起是因为媒体的不恰当宣传引发的，2003 年嘉德起诉《财富时报》名誉侵权。后来我们赢了官司，《财富时报》发表了致歉声明。

这一场官司是因为《出师颂》的拍卖，当时在全社会引起了一场广泛的讨论，有人认为《出师颂》是假的，其实他们都不了解真相，以讹传讹。引起社会争议的原因有两个：首先，《出师颂》的出现太引人注目了，被全国各地众多媒体大肆报道，各种文章在网上转了又转；其次是故宫博物院行使“优先购买权”，被说成是“私下”交易，“暗箱”交易，说国家花“天价”购买成为“冤大头”，嘉德应该确保国家购买的文物“物有所值”。

《出师颂》是一幅书法作品，作者叫索靖，西晋人，距今 1 700 多年了。关于草书的起源，有一种说法是，古代打仗要传递命令就得写书信，篆书、隶书写得太慢，打仗时情况紧急，哪有时间一笔一画慢慢写，

《出师颂》原书与原跋在故宫博物院经作者之手重缀圆璧

作者与时任故宫博物院院长单霁翔（右前）、收藏家陆牧滔（左后）在《出师颂》题跋捐赠仪式上合影

得快点写，人们就发明了草书。近代书法家中章草写得好的人不多了，后来人们也不再这么写章草。《出师颂》是索靖写的章草。故宫博物院收藏的这卷《出师颂》从唐代以来几乎代代都有著录，相传至今，真正流传有序。北宋米芾的儿子米友仁，也是宫廷的大画家、大鉴定家，他鉴定说此《出师颂》是“隋贤书”，即隋代贤达之人写的，距今 1 500 多年。它的存在见证了中国书法之流变，是超级国宝。在此之前，故宫藏存最早的书法是张伯驹捐的，陆机写的《平复帖》真品，也是现存有文字记载的最早的书法作品。故宫的第二件书法重器就是这卷《出师颂》。国内现代拍卖业发展至今 20 多年还没有另一件与之可比的重要发现，如此之国宝被发现怎会不在社会上引起极大的反响呢？

发现《出师颂》的故事很传奇。很多年前我们的古籍专家拓晓堂从国内征集到《出师颂》后面的残卷，就是释文和题跋。那时候大概是 1997 年，估价 25 万元到 30 万元，没人买，流拍了。之后他做了很多工作才勉强卖给一位藏家，这藏家现在一定特别高兴。之后拓晓堂他们到处苦苦寻觅残卷正文，就是这件《出师颂》，6 年之后终于有人在一次征集中送来了。拓先生欣喜之极，在《嘉德通讯》上写文章发表感慨：“残卷完璧归赵，破镜重圆。”“今天假大运于斯，数年孜孜以求，此索靖

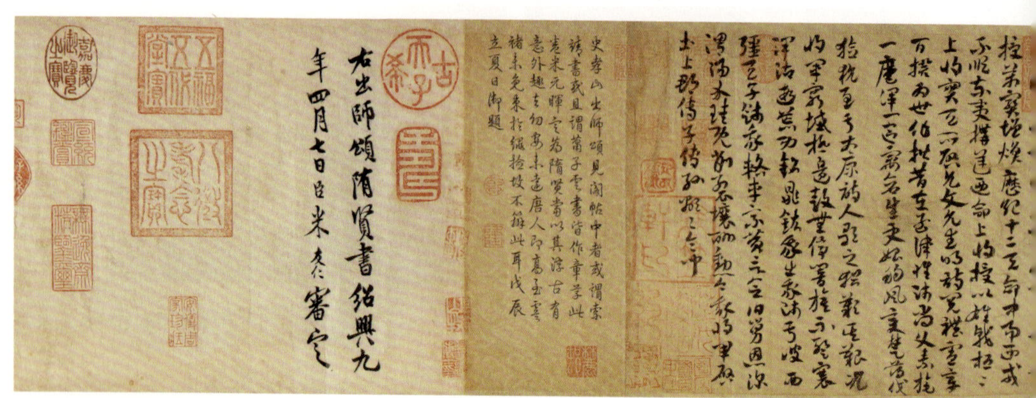

（隋）佚名《出师颂》
纸本，章草书，21.2 cm × 127.8 cm，2003 年春拍成交价：RMB 22 000 000 元

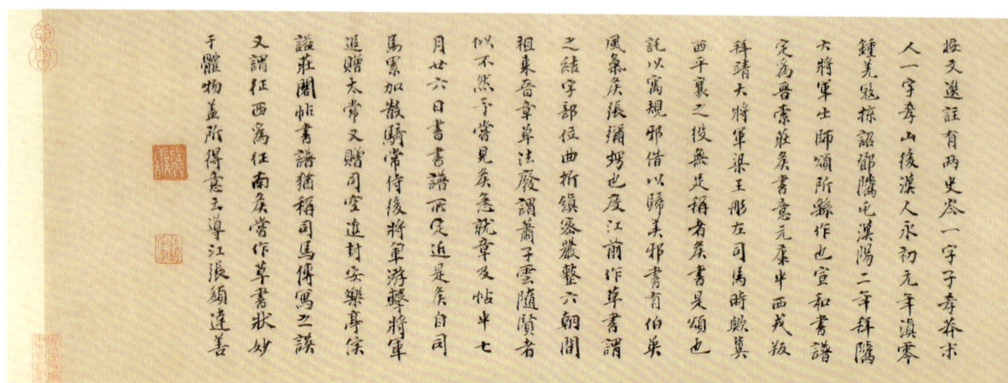

张达善撰并书跋隋人书《出师颂》卷
元写本，1997 年秋拍成交价：RMB 46 200 元

书《出师颂》重现于世，方知此卷完整无缺地保存于人间，破镜可圆，实为收藏界至幸之事。”

当时故宫下决心，拿了 2 200 万元把《出师颂》买回去了，拍卖后我们开着警车把宝贝送到故宫漱芳斋，故宫的工作人员就像接亲一样来迎接。当时徐邦达先生已经 92 岁高龄，他是国家级鉴定权威，在接受有关《出师颂》的采访时非常兴奋，充分肯定了作品的价值。但是整个故事被媒体炒大了，报道连篇累牍。

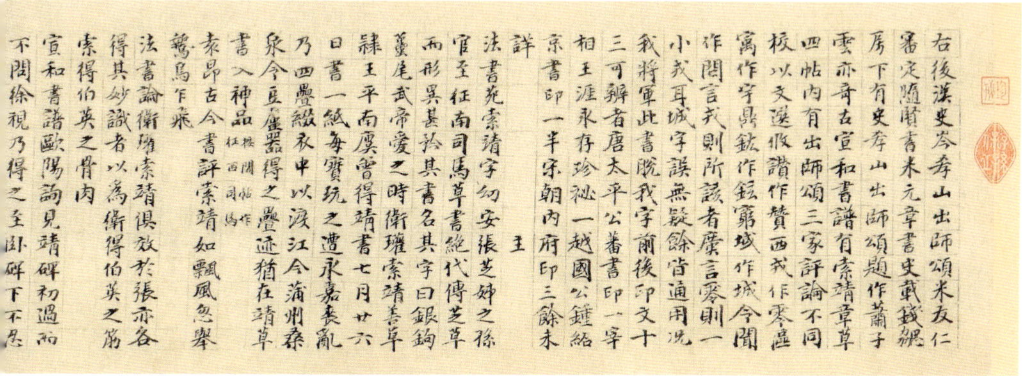

右後漢史岑孝山出師頌米友仁審定隨贉書米元章書史載錢勰房下有史孝山出師頌題作蕭子雲亦奇古宣和書譜有索靖章草四帖內有出師頌三家評論不同校以文選假譜作贊西戎作零虛寓作宇鼎鉉作鉉竊域作城今閣作閣言戎則所謂者廣言零則一小戎耳城字誤無疑餘皆通用況我將軍此書脫我字前後印文十三可辨者唐太平公蕃書印一宋相王涯永存珍祕一越國公鍾紹京書印一半宋朝內府印三餘未詳

王

法書苑索靖字幼安張芝姊之孫官至征南司馬草書絕代傳芝草而形異甚矜其書名其字曰銀鉤蠆尾武帝愛之時衛瓘索靖善草隸王平南廙曾得靖書七月廿六日書一紙每寶玩之遭永嘉喪亂乃四疊綴衣中以渡江今蒲州桑泉令豆盧器得之疊迹猶在靖草書入神品（按閣帖作征西司馬）

袁昂古今書評索靖如飄風忽舉鷙鳥乍飛

法書論衛瓘索靖俱效於張亦各得其妙識者以為衛得伯英之筋索得伯英之骨肉

宣和書譜歐陽詢見靖碑初過而不問徐視乃得之至卧碑下不忍

《财富时报》为了炒作，以揭露拍卖行黑幕为名进行了不负责的宣传，捏造事实，侵害了嘉德的名誉权，我们为澄清事实、保护嘉德的名誉起诉了他们。当然，像《出师颂》拍卖这种大的社会争议发生的时候，我这个老板还是得出面。有一天，这事被挂在新浪首页上，担心这事被网络利用乱炒，我跟新浪董事长段永基打了电话，很快了结了这段热炒的新闻。

当年以“白菜价”被藏家购买的题跋仍然保留着它精细的清朝皇

宫的原裱，辗转16年还在那位藏家手上。民国时期溥仪把《出师颂》赏赐给溥杰，带出了故宫，此后不知经历多少劫难，原书与原跋残离至今。《出师颂》和题跋始终不能团聚，总让我觉得是件憾事。2013年春天，季涛在微博里津津乐道地讲《出师颂》和题跋的故事，又勾起了我的思索。

张达善是《出师颂》题跋的撰写者，元代书法名家，被尊称为导江先生。1997年拓晓堂发现并考证这个跋，在那么早的时候就为它做了拍卖单本图录，可以说是中国现代拍卖史上最早的单本图录，可见专家向世人推荐之良苦用心。这个题跋是张达善存世墨迹孤品，太重要了，仅仅这段宋元年间的残卷，今天的收藏家都很清楚其文物和市场价值。十几年前，这个跋文曾经在另一家拍卖公司出现，估价2 000万元，没有成交。现在宋元有名的书法价格都过亿了。翻看当年的单本图录，拓晓堂在提要中说："今存可见导江先生墨迹者，仅此一件，可称孤品。故虽痛惜隋人之书不知所归，然导江原跋横浮出世亦足令人欣慰，但望他日，神物护持，隋人原书与此原跋，重缀圆璧。"

在嘉德成立20周年之际，我下决心提出一个倡议，嘉德出巨资把它买下再捐给故宫。物主陆忠父子也积极响应，愿意跟我们一起做善事，共同捐给故宫，让分离已久的国宝重聚。说来也巧，当年我创办嘉德刚进入市场不久，单霁翔先生被任命为北京市文物局局长，他撰长文支持拍卖这件新事物，我们一直很感念他。当我把这件事告诉时任故宫博物院院长的他时，他很高兴，认为我们有似张伯驹之侠举。

2013年9月29日下午在故宫，我和陆忠、陆牧滔父子一起把《出师颂》题跋交到了单霁翔院长手中，成就了文物艺术拍卖史上一段千古佳话。捐赠仪式非常正式，《出师颂》原文也被请出来与题跋相聚。文化部部长蔡武等领导出席了这个仪式，与大家一同把卷，欣赏了合璧的

《出师颂》题跋捐赠合影

国宝。这是嘉德历史上第一次出巨资购买国宝且没有任何条件地捐给故宫，这是一件利在当代、功在千秋的好事。《出师颂》将与《平复帖》成为故宫书法收藏的晋隋双璧，熠熠生辉。

这真是一个凄美的故事，一件国宝带出了一段百年传奇。100多年前国家衰弱时，国宝流出宫外，碎为两段，失散天涯；100多年后国家兴旺时，它又先后经过嘉德拍卖回到公众视野，最终通过我们的义举结束了这段百年沧桑之旅，完璧归赵，重回故宫。

对文化的尊重和保护不仅是我作为一个企业家的个人行为，也是作为创始人在嘉德诞生之初就为其注入的血液，20多年过去，这股血液使嘉德成为一个有文化传统的拍卖行，《出师颂》引发的风波与它的大结局算是对这种文化传统的一个注脚吧。

“郑振铎等抢救流散香港文物往来信札”入藏国家图书馆

2019 年是不平凡的一年，中华人民共和国迎来 70 华诞，70 年前中国百废待兴，70 年后中国百业昌盛！

雒树刚部长向作者颁发荣誉证书

2019 年 12 月 26 日注定是个不平凡的日子，这天是毛主席 126 周年诞辰，我相信全国人民永远都怀念伟大领袖毛主席。

在同一天，文化和旅游部、国家文物局在中国国家图书馆隆重举行“郑振铎等抢救流散香港文物往来信札”捐赠划拨仪式暨入藏纪念展开幕式，文化和旅游部部长雒树刚给我颁发了捐赠证书。这批信札是老一辈无产阶级革命家对文化的重视和保护的见证。在新中国刚成立、国家那么贫穷的时候，通过这些信札与文件的沟通、指示，国家划拨巨资，一批国宝通过秘密渠道被收回国家。中国嘉德是文化部一手批准成立的中国第一家艺术品拍卖公司，当时刘玉珠局长就是文化部文化市场局办公室主任，嘉德那时候申请成立要跟他打交道。20 多年过去，刘局长成为国家文物局的当家人，这是他个人的努力，我觉得有这个好朋友特别骄傲。我刚进这个行业的时候，就知道乾隆皇帝最得意的“三希堂”，藏于其中的两件作品《中秋帖》和《伯远帖》回归祖国都跟郑振铎先生有关。

我没想到，当年秘密收购文物的这些文件、收据、来往信件，流传下来，70 年后才见天日，它们完完全全地见证了这一个伟大的、秘密的历史过程。我认为这些信札就是国宝，是无价之宝。

所以当时胡妍妍给我打电话，说我们香港嘉德在拍卖这批珍贵的历史文物资料，国家文物局希望能够收回国家。我说这我义不容辞，当然也跟她讲，第一不能走漏风声，不能抬价；第二，嘉德如果跟不上，泰康再跟上，不管多少

郑振铎信札捐赠展现场

价格，一定把它拿下来，让它回到祖国，捐给国家文物局。还好，一切都很顺利，这件事情完成得很漂亮，我觉得这是一个历史事件的大结局、大归宿。国家文物局很郑重地把这批珍贵的历史文献交给国家图书馆，我觉得是非常正确的，我们作为捐赠者也特别高兴。

中国嘉德通过 26 年的发展，应该讲可以跟苏富比、佳士得这样的世界顶级巨头竞争，也成为中国艺术品市场和艺术品拍卖领域里被市场、被党和政府，也被收藏家信赖的一家好公司。这也是我感到很骄傲的一点。

王府井 1 号

近几十年正是中国经济蓬勃发展的时期，我们可以看到世界上新的、有创造性的建筑，大部分都在这几十年内诞生在中国的大地上。特别是层出不穷的博物馆、美术馆，都充满创意。嘉德艺术中心也是一座伟大的建筑，虽然不敢说它是其中最新奇的，但它一定是最有特色、最独一无二的。历史成就了我们嘉德，所以我愿意将这座建筑看作献给国

嘉德艺术中心奠基典礼上，作者开心一笑，展望未来

家、献给北京市、献给这个行业，也献给我们每一位员工的一座具有人文情怀的精神殿堂。

1993 年中国嘉德拍卖成立。嘉德拍卖成立的第一次拍卖，是在 1994 年 3 月 27 号，第一场拍卖就获得了巨大成功。我记得当时中央电视台的采访里说，嘉德这声槌响，预示着未来纽约、伦敦、北京三足鼎立时代的到来。如今 20 多年过去了，北京的拍卖市场已经成为全球最大的拍卖市场之一，完全可以与纽约、伦敦形成三足鼎立之势。而且经过 20 多年在艺术品市场的深耕细作，嘉德更多地加入全社会的文化艺术建设中，新的拍卖品种和部门不断增加，公司人员和规模一直在持续扩大。

所以从十几年前开始，我就一直在筹划盖一座嘉德自己的总部大楼。能落户在王府井 1 号，我觉得这是天赐良机。这里可以说是一块宝地，北京城历来有“一轴一线”的说法：一轴，即北京中轴线，南起永

嘉德艺术中心奠基合影

定门，北至钟鼓楼，据说是全世界最长的城市中轴线；一线，即从朝阳门至阜成门的大街，东西贯穿北京旧城中心。我们“王府井 1 号”正是处于这条有着 700 年历史的大街上，是“一轴一线”的交点。这个地方，对面有中国美术馆，旁边是首都剧场，还有商务印书馆、北大红楼、五四运动纪念馆，不远处就是故宫。可以说，这里是时代和城市文化的交会处和聚集地。

在对大楼进行规划时，我就曾想象：嘉德艺术中心落成后，站在楼上远眺，能看到不远处金碧辉煌的故宫，古老文明与现代风采的交融映入眼帘，很让人激动。嘉德拍卖的这些年，对我的人生影响很大，让我通过艺术触摸了中华文明五千年的历史和脉络。所以对于大楼的设计，我提出了自己的创意：两个可以连接传统与现代的重要设计要素——一个是青砖的肌理，另一个是《富春山居图》。

为什么是青砖？我特别欣赏青砖文化，自古官府的外墙基本都是青砖，那种工艺是没有抹石灰直接贴上去，一条小缝儿，干干净净，很考究，很漂亮。慢慢地，我就联想到青砖和琉璃瓦的文化象征。琉璃瓦象征皇家，而民间优秀人才可以通过科举，通过社会的垂直流动，上升成为“官”。青砖也就是士大夫的象征，它的朴实和傲骨就是士大夫的代表。我是知识分子下海创业，本身有很强的士大夫情结，而“王府井 1 号”恰恰与代表皇家的紫禁城遥遥相对，两者印证了中国两千年历史的对照——皇权和民间精英对国家的共治和同建。

而我的另一个创意就是，能不能用发光的材料在大楼墙体创作出一幅《富春山居图》，让整栋建筑通透地释放出中国古代文化的元素？对《富春山居图》这幅画我一直是情有独钟的。这幅由元代画家黄公望创作的绘画被称为中国最著名的传世珍品之一，它历经数个时代，几经易手，如今一分为二。前半卷“剩山图”收藏于浙江省博物馆，后半卷

“无用师卷”藏于台北故宫博物院。2011 年 6 月，正逢中国嘉德 18 岁生日，嘉德艺术中心奠基一个月之后，前后两卷合璧的《富春山居图》在台北故宫博物院展出，这一文化盛事更坚定了我将这幅画的精华呈现于艺术中心大楼上的决心。

我要感谢大楼的设计师，来自德国的建筑师奥雷·舍人（Ole Scheeren）。看到他的设计，我拍案叫绝，我觉得他对我的想法理解很深刻，把我的两个创意做了叠加：整栋建筑灵感都来自中国文化，既满足了我对青砖样式美的需求，墙体又辅以抽象的《富春山居图》轮廓，内敛唯美又不失典雅庄重。他把我的构想完善起来，完成了跨越千年的艺术交流，成就了今天的嘉德艺术中心。它不仅承载着嘉德的企业文化和实力，而且本身就是一个顶级的艺术品，意味着一个律动而有无限生机的新时代。

作为嘉德集团总部的嘉德艺术中心，它要容纳拍卖业务的办公区、艺术品的拍卖大厅、艺术品展览展示区，还有一座五星级酒店、书吧，提供艺术品仓储服务。一栋建筑把这些功能结合在一起，这在世界上是独一无二的，是绝对惊艳世界的。嘉德拍卖发展了 20 多年，如今步入一个新的时期，我们都在顺应时代发展的潮流，在从一个单一的艺术品拍卖行转变成一个以拍卖为核心，在艺术品领域多方延伸的综合机构。嘉德会是北京，乃至中国、世界上都独一无二的集合性、创新性企业，是这个行业的惊喜。嘉德艺术中心是中国文物艺术品的产业基地，是中国改革开放后体现文化自信的代表性建筑。

2017 年秋季拍卖开始，嘉德艺术中心启用了两个专为拍卖功能设计的宽敞拍厅，各种为拍卖所设计的专门功能让所有参拍者都感受到便捷，还有为 VIP 客人准备的包厢，实施全面安保的仓储空间。我敢说，这些艺术品配套设施在国内都尚属首家。嘉德一年举办的大小拍卖都在这里，全世界的买家、卖家，起码几千人欢聚一堂。

嘉德艺术中心开展了密集而多样的展览，我们还成立了嘉德教育学院，未来会逐步把嘉德艺术教育也变成有文凭的教育机构。不但会为周边的文化氛围增添光彩，也带动整个东城区的繁荣和发展。

我作为企业家，要创造财富、解决就业，更应该有社会责任和担当，做文明建设、美丽中国建设的核心骨干力量。嘉德艺术中心落成后，在这座大楼里一年 365 天，都可以围绕艺术开展活动，除拍卖之外，还有更多公益性的展览、博览会、学术讨论、艺术公益、文化普及、公共活动、教育，这里形成了一个综合性的平台，为艺术文化的普及和提高提供全面的配套服务。如今大楼里配合日常项目，安排了众多包括参

璞瑄酒店窗外的景山公园

嘉德艺术中心书店

2017 年，嘉德艺术中心揭牌

观、导览、公共教育活动、收藏咨询、艺术品鉴、亲子艺术课等在内的活动项目，针对团体和企业提供员工艺术培训、同城精选艺术之旅、企业收藏规划、企业艺术礼品、家族传承艺术资产配置规划等，参观嘉德艺术中心的人群和客户流量大大增加，艺术公益项目也越来越丰富。

20 多年前，我刚刚创业，就在中国，特别是在北京，第一次做了大规模的艺术品拍卖。20 多年后，北京成为全球三大艺术品拍卖交易中心之一，我们嘉德在其中做出了重要的贡献。四分之一个世纪不算短，我人生最精华的年代都奉献在这儿了。我要感谢这个伟大的改革开放时代，感谢市场经济时代。今天我们在这里付出的是世界上前所未有的，是嘉德人孜孜不倦的奋斗心血凝聚成了嘉德艺术中心这样伟大的建筑。它是我们全体嘉德人的家，也是一座具有人文情怀的精神殿堂。我想，未来这里更应该充满想象，充满色彩。我希望和嘉德同人一起，共同守护好、经营好它。在这座文化新地标中，嘉德日益成熟，肩负更多元的责任与义务。在这个起步腾飞的新起点上，嘉德再次出发，为成为真正的“百年老店”奋力前行，拥抱明天。

吴作人《解放南京号外》
1949 年，布面油画，89 cm×116 cm，泰康收藏

勃发

1983 年，作者大学毕业时，在武汉大学珞珈山山顶择石刻下“始”字，意喻“千里之行，始于足下”。万林艺术博物馆外形设计与此石呼应

母校武汉大学

回溯过往数十年，我做过的几件事发生的年代似乎存在着一些巧合：

2013 年，武汉大学建校 120 周年，我捐建的万林艺术博物馆已经在校园中开工建设。

同年，我毕业 30 年，迎来嘉德 20 年庆典，也是泰康空间成立 10 年。

2003 年，在武汉，我作为杰出校友应邀在武汉大学 110 周年校庆上讲话。在北京，我们庆祝嘉德成立 10 周年，泰康空间成立。

1993 年，武汉大学百年校庆，我创办第一家公司——中国嘉德。

1983 年，我从武汉大学毕业。

不知是不是冥冥之中就有安排，还是数字的巧合中暗示了某种历史机缘。

我是湖北人，武汉大学是我的母校。我是从武汉大学经济系毕业的，经济系是武汉大学的传统专业，最早的系主任是著名的经济学教授杨端六先生，他是中国金融和会计学的开山鼻祖，中文《马克思传》就是他女儿翻译的。当年在中国的西方经济学界有两个人，一个是北京大学的陈岱孙先生，一个就是武汉大学的张培刚先生，有“南张北陈”的说法。

1893 年清末湖广总督张之洞创办的自强学堂，历经传承演变，1928 年定名为国立武汉大学。她是近代中国第一批国立综合性大学，迄今已有 120 多年的历史

陈岱孙先生的故事很多，他当年和周培源同时爱上北京女子师范大学的校花王蒂澂，王蒂澂说："你们去留学，谁学成了第一个回来我就嫁给谁。"他们一块儿留学，周培源很聪明，没学完就回来了，娶了王蒂澂为妻，从此陈岱孙一辈子单身。这故事有点像金岳霖和梁思成共同爱上林徽因的故事，过去的传统知识分子有挺多挺美好的故事。

哈佛大学那时已成为全世界最好的学校，很多好学生出自这所学校，张培刚先生于 20 世纪 30 年代初从武汉大学毕业，40 年代在哈佛大学拿了博士学位，博士论文写的是农业与工业化，被誉为发展经济学的开山鼻祖，影响了整整一代人。我们的老师董辅礽就是张培刚的学生。"92 派"的三个典型人物都是我们经济系的，田源创办了中期公司，毛振华创办了中国诚信证券评估公司，我创办了中国嘉德和泰康人寿。

武汉九省通衢，福建的茶叶运到武汉，通过武汉的水路再运到长江以北的地方，武汉基本上是茶商的集散地。那时的武汉跟我们现代社会一样有教育问题，现在是农民工的孩子没有上学的地方，那时候是商人的孩子在武汉学习有困难，所以张之洞向朝廷递了一份奏折，要创办学校，1893 年自强学堂创立，就是武汉大学的前身。武汉大学建校 120 周年的时候，当年张之洞的奏折从故宫档案馆里被请了出来。

自强学堂后来又演变为武昌高师，再与武昌中华大学等一些学校合并成为新的武昌中山大学。真正叫武汉大学是从民国时的国立武汉大学开始的。1928 年，民国政府决定改建武昌中山大学为国立武汉大学，委任李四光为武汉大学建设委员会委员长。那时武汉大学占地 9 000 多亩，有个地方是个坟场，为此还跟老百姓闹过冲突。如今的武汉大学四校合并后也只有 5 000 多亩，比以前小很多。

国立武汉大学第一任校长王世杰，是与胡适等人齐名的大学者，集学政于一身。后来他做了国民政府的外交部部长，最后跟蒋介石去了台湾。武汉大学在新中国成立前是五大名校之一，其他几所为清华大学、北京大学、上海交通大学、浙江大学，地位很高，所以经费充足，职工薪酬高，有很多名教授授课，比如：台湾经济起飞之父李国鼎先生在武汉大学当过一年的物理系教授；气象学家竺可桢在武汉大学当过教授，新中国成立后当了浙江大学校长；还有闻一多、朱光潜等很多教授在武汉大学任过教。最早，武汉大学的珞珈山不是王字旁的“珞珈山”，而是写作“罗家山”，闻一多做文学院院长时把它改成了“珞珈山”。在武汉大学的历史中，还出现过很多政治人物，像陈潭秋是当年武昌高师的，参加遵义会议的俄语翻译伍修权是高师附中的，董必武早期的革命活动也是在武汉大学开展的，新中国成立后的武汉大学校长、哲学家李达是党的一大代表。

武汉大学在历史上很辉煌，新中国成立后也非常有名。新中国成立后中国大学教育学习苏联的体系进行院系调整，李达成为第一任校长，从此武汉大学改以文科为主，其他学院组成华中理工学院，就是今天的华中科技大学，跟武汉大学齐名，以前的农学院成为现在的华中农业大学。改革开放 40 年，中国经济从沿海发展起来，东南沿海整体也相对发达，在大学的评比中，北大、清华最好，浙江大学崛起了，南京大学、复旦大学和上海交通大学自不用说，武汉大学总体上也一直在综合大学里面排名前十。

再治術以培植人才為本經濟以通達時務為先自同治以來總理各國事務衙門設立同文館創開風氣嗣是南北洋及閩粵各省遞設廣方言館格致書院武備學堂人材奮興成效昭著湖北地處上游南北衝要漢口宜昌均為通商口岸洋務日繁動關大局造就人才似不可緩亟應及時捌設學堂先選兩湖人士肄業其中講求時務融貫中西研精器數以期教育成材上備

國家任使臣前奏明建立兩湖書院曾有續設方言商務學堂之議茲於湖北省城內鐵政局之旁購地鳩工造成學堂一所名曰自强學堂分方言格致算學商務四門每門學生先以二十人為率湖北湖南兩省士人方准與考方言學習泰西語言文字為馭外之要領格致兼通化學重學電學光學等事為衆學之入門算學乃製造之根源商務關富强之大計每門延教習一人分齋教授令其由淺入深循序漸進不尚空談務求實用所需經費暫就外籌之款湊撥濟用俟規模漸擴成效漸著再行籌定專款

奏明辦理以為經久至計據湖北善後總局司道

詳請

奏明立案前來理合附片具陳伏祈

聖鑒謹

奏

該衙門知道

万林艺术博物馆

我大学毕业时，在珞珈山山顶的一块石头上雕刻了一个“千里之行，始于足下”的“始”字，激励自己永远都是开始。

大学毕业后，我还经常去看看，后来我的外甥、侄女在武汉读书的时候，我也让他们去涂涂油漆，保护一下，这一晃40多年了，这个字

母亲段士英，父亲陈万林

还依然清晰可见。2011 年我和我夫人、母亲，还有岳母回湖北，也去了武汉大学。我与当时的武汉大学校长、书记聊起来，2013 年正好是武汉大学建校 120 周年，在中国，120 年是两个甲子，是两个轮回，是个特殊的日子。这也促使我下决心捐赠一所艺术博物馆。校长和书记都很支持，把学校最好的地拿出来，在武汉大学最重要的中心地带兴建博物馆。于是就决定下来，由我私人捐赠 1 亿元人民币建造，以我父亲的名字命名。用我父亲的名字命名也体现了中国的文化传统，一般西方人都用自己的名字命名，但中国人喜欢用长辈的名字，像台湾最大的医院长庚医院，是王永庆用父亲王长庚的名字命名的，兆龙饭店是包玉刚用父亲包兆龙的名字命名的。这些老一代华人企业家的典范也影响着我，我在我家乡捐了万林科技楼，在我就读的中学捐了万林图书馆，在大学捐了万林艺术博物馆，是对先辈的纪念。

博物馆立项后，有三个建筑师来竞标设计方案，包括奥雷·舍人，嘉德艺术中心就是他设计的。选择朱锫的方案是因为他的方案有我在珞

万林艺术博物馆外景

珈山的石头上刻字明志的寓意，而且建筑外立面完全是用铝合金一块一块人工浇铸、敲打，这种凹凸的手工感使建筑像一块从天外飞来的巨大陨石，所以有人叫它“石立方”，有人叫它“飞来石”。

经过两年多的建设和半年多的开馆展筹备，2015 年 5 月 9 日，万林艺术博物馆终于迎来了开馆的喜庆之日。来自湖北省委、省政府，艺术界、文博界、传媒界的嘉宾，以及母校师生和老校友都出席同庆。捐赠仪式简朴，气氛热烈。我将博物馆的钥匙和捐赠给博物馆的价值 3 000 万元的作品清单交给晓红校长，晓红校长代表母校给我颁发了捐赠证书。博物馆的揭幕仪式别出心裁，随着我的母亲和各位揭幕嘉宾拉动丝带，一整块红绸布从天而降，馆名呈现在众位嘉宾眼前，整个过程既有雄浑之势，又有飘逸的美感。

规格极高的开馆展是唐昕担纲策划的“聚变：1930 年代以来的中

万林艺术博物馆捐建签约仪式（左六，武汉大学校长李晓红；左七，作者的母亲段士英；左八，作者；左九，武汉大学原党委书记李健）

开馆仪式上，作者将万林艺术博物馆的钥匙模型交给时任武汉大学校长李晓红先生

国现当代艺术”，作品大多选自泰康收藏，也有部分年轻艺术家的定制作品，将中国近百年来现当代优秀艺术品汇集成美术发展简史，开启莘莘学子对艺术的欣赏之旅。引文艺复兴之风进校园，培养未来具有人文情怀的知识分子，也是我捐这个博物馆的初衷。开馆展期间，每天等待参观的人都在广场上排出长队，20 天的展期里校内外参观人数达到 41 570 人，学生们给我们很多惊喜，很多人对新媒介艺术感兴趣。

万林艺术博物馆从提议捐建到开馆花了 3 年的时间。捐建一个美术馆建筑容易，但要把她建成一个业界品牌，却是一个难题。应该说，在高校捐建艺术博物馆还是个大胆的

万林艺术博物馆外景

尝试。与近几年新兴的民营美术馆热一样，创建宗旨的明确与坚持，关于如何运营、如何与公众互动、如何做临时展览、如何进行藏品的展示与研究等，家家都在摸索经验。对武汉大学这样一所综合类高校来说，对艺术博物馆的理解、认识与发展还需要相当长的时间。把她做成一个专业的、高水平的博物馆，则更需要一个慢慢学习的过程。

开馆以后，我把捐赠给博物馆的艺术作品交给母校，这批艺术品价值 3 000 万元。我还带动师弟李亦非一起捐赠作品，举办了一次捐赠展，展览的名字叫“百年文脉，珞珈传薪”，就是号召校友们薪火相传，为母校做贡献。泰康空间在万林艺术博物馆策划了专门研究湖北当代艺术的展览，嘉德也将预展的精品巡回到母校，持续给博物馆输送高质量、高学术水准的展览。开馆 4 年以来，母校也非常支持万林艺术博物馆的发展建设，在建立健全博物馆制度、陈列展览、藏品管理、宣传工作、

2016 年 12 月 15 日，窦贤康校长代表武汉大学向作者颁发艺术品捐赠证书

公众教育、志愿服务、馆舍建设与维护、交流合作等方面都取得了成绩。目前，万林艺术博物馆是全国高校博物馆专业委员会副主任单位、湖北省博物馆协会副理事长单位和湖北省高校博物馆专业委员会主任单位。

我相信在校领导的带领下，万林艺术博物馆一定能探索出一种适合国情、适合高校需要的模式，泰康空间和嘉德也会继续支持万林艺术博物馆做专业水准的艺术展，与博物馆共同前行。我真心希望武汉大学万林艺术博物馆会带动华中地区对艺术的关注。希望万林艺术博物馆超现代的建筑和展览的学术性会对中国高校有所影响，将高校变成一个陶冶情操、传递人文情怀的阵地，润泽万木成林，造就未来之才。我还是想推广这样的思想，推广这样一种理念。

“却顾所来径”——20 年精品回顾展

20 岁对于一个人来说是青春绽放的年华，20 岁对嘉德来说同样是一份青春的情怀，一种朝气蓬勃的昂扬，但是作为一个拍卖企业，20 年对于嘉德来说却多了一份时间沉淀出的文化之美，也多了一份风雨兼程中酝酿出的成熟之感。20 年嘉德的辉煌、朝气和成熟是前辈的文博

作者、妻子孔东梅与孩子们参加嘉德 20 年展览

大家、各方面的领导、藏家和嘉德人共同酝酿而成的。

作为对嘉德20岁生日的一个纪念，2013年11月10日至11月30日，嘉德和国家博物馆共同举办了“承古融今 星汉灿烂——中国嘉德艺术品拍卖20年精品回顾展”，300多件包含中国书画、瓷器、家具、工艺品、中国油画及雕塑、古籍善本、名表珠宝翡翠、邮品钱币等门类的艺术精品在国家博物馆展出。“中国嘉德艺术品拍卖20年精品回顾展”，不仅是一次对嘉德一路走来的历史的回顾，也是对文化的一次致敬，是对20年来嘉德所形成的文化传承与商业发展之间的创造性关系的一次梳理。这次展出的文物精品就是我们意图的最好注脚。翁氏藏书、唐摹怀素《食鱼帖》、宋高宗手书《养生论》、朱熹《春雨帖》和《出师颂》等国宝级的拍品，都是经由嘉德策划拍卖，它们都成为一个个文化事件，里面蕴含了嘉德所自觉承担的社会责任和文化责任，也体现出嘉德20年一直具备的文化自觉。值得一提的是，2013年9月29日，由我提议，嘉德出巨资购买了《出师颂》题跋50%的权益，与藏家红树白云楼主人陆氏父子共同向故宫捐赠了这件稀世之作。至此，《隋人书出师颂卷》和其题跋这两件国宝级高古法书作品珠还合璧，这是它们多年分离后再度聚首，重返故宫。在这次展览中，《隋人书出师颂卷》跋文与故宫藏品《隋人书出师颂卷》也首次合璧展出。

这些年来，嘉德创下的部分拍卖纪录如下。

作　品	拍卖会	成交价
清乾隆钦定补刻端石兰亭图帖缂丝全卷	2004年春拍	3 575万元
清乾隆粉彩开光八仙过海图盘口瓶	2006年春拍	5 280万元
朱熹、张景修等《宋名贤题徐常侍篆书之迹》	2009年秋拍	1.008亿元
张大千《爱痕湖》	2010年春拍	1.008亿元

续上表

作　品	拍卖会	成交价
王羲之草书《平安帖》	2010 年秋拍	3.08 亿元
陈栝《情韵墨花》	2010 年秋拍	1.137 亿元
李可染《长征》	2010 年秋拍	1.075 亿元
明黄花梨簇云纹马蹄腿六柱式架子床	2010 年秋拍	4 312 万元
齐白石《松柏高立图·篆书四言联》	2011 年春拍	4.255 亿元
唐代“大圣遗音”伏羲式古琴	2011 年春拍	1.15 亿元
陈逸飞《山地风》	2011 年春拍	8 165 万元
元抄本《两汉策要十二卷》	2011 年春拍	4 830 万元
齐白石《山水册页》	2011 年秋拍	1.94 亿元
王翚《唐人诗意图》	2011 年秋拍	1.265 亿元
李可染《韶山》	2012 年春拍	1.24 亿元
吴作人《战地黄花分外香》	2013 年春拍	8 050 万元

邮品钱币门类的多项珍品也创造了各项目的历史最高价。这些由嘉德创下的拍卖纪录是对艺术珍品本身价值的认同，是一代文化人的文化品位的体现。通过拍卖，艺术珍品引发了广泛的关注进而促进了文化价值的传播。这些对于一个民族文化的繁荣和发展无疑具有重要意义。

张德勤先生、陈履生先生、傅熹年先生、耿宝昌先生等都出席了嘉德艺术品拍卖 20 年精品回顾展开幕仪式。他们和许多前辈一样，一起见证了嘉德 20 年从诞生到成长的过程。他们和许多前辈也是一种动力，嘉德在他们的期许和赞誉中迈向更加辉煌的明天。20 年的嘉德历史抽象地表达，是由一个个艺术拍卖品所组成；20 年的嘉德历史具体地说，是由一个个人所构成。在这次被称作“承古融今　星汉灿烂”的精品回顾展上交织的就是这样一个人与珍品的故事。这个故事展现出一个

陈履生先生、耿宝昌先生、张德勤先生、傅熹年先生与作者共同钤印

民族的文化梦想，一种古与今的对话方式，很荣幸嘉德创造性地参与了这个故事。相信下一个 20 年，嘉德会给大家讲述更精彩的文化故事，实现更精彩的文化梦想！

作者和妻子孔东梅与孩子们庆祝作者 60 岁生日

“成长·元年”

致敬中国企业家精神

2018 年的中国嘉德 25 岁了。从呱呱坠地的婴儿到风华正茂的青年，这个生日让我们每个人心中都充满了向往和期待。

2018 年也是改革开放 40 周年，这一年的亚布力中国企业家论坛以“新时代的企业家精神”为主题，意义更显特别。我在亚布力论坛的开幕式上郑重提议大家全体起立，用掌声致敬改革开放 40 年，致敬中国企业家群体和中国企业家精神，致敬这个伟大的时代！

为什么要有此一举？浩浩荡荡、激流勇进的改革开放大潮孕育了中国企业家与企业家精神，前赴后继的企业家是民族的希望，一个逐步被社会慢慢认识的模范群体正在东方、正在中国冉冉升起。

什么是企业家精神？就是心中有一盏对未来、对希望永不泯灭的明灯。平常、平静、儒雅、包容、豁达，这就是亚布力代表的中国企业家群体和中国企业家精神。

历史是一杆秤，我们的辛酸、我们的成功、我们的失败，我们所

亚布力中国企业家论坛 2018 届年会合影

有的历练都是在积累，所有的积累都在增加它的分量。时间是一把尺子，只要我们坚持，只要我们不放弃，只要我们坚守心中对专业、对市场、对国际化的敬畏与向往，只要我们坚定地用阳光、用开放去寻求我们的财富，就无法被这个尺子测量。我们会永远走下去。中国企业家精神就是经过这样 40 年积累，走到了今天。中国嘉德也是经过这样的砥砺前行，走到了今天。

正所谓积累百年的声誉，塑造百年的品牌，才会有百年的市场，这便是嘉德的愿景与使命，也是嘉德坚持的“匠心”所在。

感恩母校，回望初心

2018 年 10 月 27 日，中国嘉德 25 周年系列活动之一的秋季精品展，来到了我生命中最重要的地方之一——武汉珞珈山。这是一个值得骄傲

中国嘉德 2018 年秋季精品展首次登陆武汉大学万林艺术博物馆

的日子，嘉德第一次来到大学校园办展览，还是我的母校。

40 多年前，我在武汉大学求学，满怀着远大的理想和抱负，在珞珈山上刻下了一个“始”字，我当时绝对想不到嘉德与武汉大学的缘分也从那时开始。所以说，这次回武汉大学办展览，既是回望初心之旅，也是感恩之旅。

嘉德 25 周年的精品展，展品从宋元明清至民国、新中国，历时千年，时空交会，可与国家级博物馆、美术馆的展览媲美。这也是我给武汉大学以及湖北家乡朋友们的礼物。荆楚大地的藏家与艺术爱好者们，也对这次顶级艺术盛宴怀着极高的热情。这一天，武汉大学万林艺术博物馆出现了万余人争相观展的热潮，展厅外排起了弯弯曲曲的长队，展厅内更是人头攒动，这也创造了中国艺术品拍卖历年巡展参观人数之最！

这是观众对艺术的热切追求，也是社会对中国嘉德的高度认可。在

中国嘉德 2018 年秋季精品展首次登陆武汉大学万林艺术博物馆

这块熟悉的热土上，此情此景让我分外感动。

庆典时刻到来

2018 年 11 月 17 日，中国嘉德 25 周年庆典在嘉德艺术中心盛大开幕，近千位嘉宾、好友莅临庆贺。

嘉德就是我们的家。看到大家回“嘉”，我特别高兴。25 年，我和这一批朋友不弃不舍，共同为文化市场的繁荣不遗余力。此时此刻，作为嘉德的创始人，我只有用两个字来表达我的心情——感谢！

我一直说一句话：现实比理想来得伟大。想起嘉德第一声槌响，中央电视台的记者说，这声槌响预示着纽约、伦敦、北京三足鼎立时代的到来。我觉得这是一句理想，但历史惊人地给了我一个意想不到的结果——中国北京早已是全球第三大艺术品拍卖交易中心。

作为第一家全国性的股份制艺术品拍卖公司，嘉德的成功可以说带动了中国艺术品市场的繁荣和成长，同时也带动了产业的兴旺和发展。嘉德的历史就是改革开放的历史缩影。坚持专业和现代化，坚持诚信经营、客户至上的经营理念，嘉德才有了今天。

当年只有十几个人的嘉德，如今已经成为门类齐全、举行专业化拍卖的业界翘楚，累计数百亿的总成交额，创造了数不清的拍卖纪录，拍出了几十件过亿的艺术品，也铸就了承载时代意义的嘉德艺术中心。

这一年，嘉德艺术中心的办公区、展览厅、拍卖厅、璞瑄酒店全面竣工。这意味着以拍卖为旗舰的嘉德，拓宽了发展的空间，为广大艺术爱好者、研究者、收藏家提供更优质、更丰富的文化艺术产品和服务。嘉德的同人们称这一年为“成长·元年”。

作者在嘉德 25 周年庆典上讲话

成长，意味着蜕变与成熟。嘉德从创立之初，就怀有一个理想，在中国搭建一个公平、公正、公开的文物艺术品交易平台，做一个值得信赖的百年老店。今天，这个愿望已初步达成，结出累累硕果。嘉德也从一个青葱懵懂的少年，进入活力迸发的青年时代。

元年，意味着一个新时代的到来。秉持对艺术的真诚与敬仰，每一个嘉德人将以更加创新的理念、更加精细的服务、更加专业的水准，以及一以贯之的诚信品质，与广大藏家携手同行，书写新的辉煌，为古老和现代的北京再添异彩。

嘉德 25 周年庆典盛大开幕，作者与管理团队向来宾祝酒

798 艺术区

人们去巴黎，必看的是埃菲尔铁塔、塞纳河，还有卢浮宫，来北京首先要看的是故宫、长城和颐和园。北京也充满了魅力，但是我觉得还是有一些因素把它应该有的魅力压抑了。北京已经是全国的政治文化中心，我们要把北京城建设成为富有魅力的城市，我觉得它应该成为中国的“魅力之都”。这个魅力就来自它的历史和文化。“魅力之都”也是文化艺术的创造之都，是国际化的文化娱乐中心，是全世界瞩目的文化、艺术和时尚策源地之一。经济繁荣是基础，是成为一个强大国家的一方面，但只有经济繁荣是不够的。打个比方：一个富有的人没文化，只能被人称为有钱人或暴发户；但是一个有品位、有文化的有钱人，他对事物的认识、对社会的贡献就不一样了，会赢得人们更多的尊重和认可。一个国家也一样，经济繁荣后的文化建设可以给自身增添无穷的魅力，之后才能被世界尊重，所以一个国家只有文化也强大了，才算是一个真正意义上的强盛国家。要不为什么西方发达国家对建造美术馆、歌剧院之类的文化设施这么重视，有这么大的热情呢？

与当代艺术相比，我自己更喜欢古代书画这样有历史感的艺术品，但是我的心态比较开放，与当代艺术有关的东西我也能接受。现在名噪一时、被《纽约时报》称为“中国的SOHO”的798艺术区，位于北京市东北角大山子地区，是原来由苏联援建的代号为“798”的工厂建筑群。2003年“非典”之前，这片旧建筑群被北京的一批艺术家占据，逐渐被改造成一个当代艺术区，非常有生命力，是彰显创造力和新时代文化的地方。但是在快速的城市化改造和建设中，它的命运前景一度并不明朗。为了让北京这个魅力之都保留下这个活力四射的地方，我在2004年春天的北京市政协会议上递交了正式的议案，建议保留798艺术区，不要拆掉。我在政协会议上发言：“北京要做东方的巴黎和中国的百老汇，成为博物馆、文艺演出、影视制作、艺术品拍卖四大中心，并把798艺术区建设成现代艺术家和前卫艺术的集散地。”发言引得掌声一片，也引起了市委市政府领导们的高度重视，我的建议在关键时刻起到了一定作用，798艺术区最终以建筑文物被保护下来。会议结束后，我与冯小刚等几十名委员一起去798艺术区转了一圈，实实在在地感受到了北京别样的魅力。

中国这些年的变化实在是太快了，感觉眨眼之间就能铸就辉煌，但之前却没人能够料想得到。我第一次去798艺术区是“非典”之前，那里很清静，没人料到它发展这么快。当代艺术是国际化的语言之

中共北京市委宣传部

政协北京市第十届二次会议
委员提案第1323号办理报告

陈东升委员：

您好！

您所提《关于北京市城市定位和发挥北京独特的文化产业优势的建议》（政协北京市第十届二次会议委员提案第323号）收悉。

首先感谢您对北京市文化产业发展的关心和支持。

收到您的提案后，市委宣传部高度重视，就您的建议进行了专门研究，现将有关情况介绍如下。

自去年以来，根据市委主要领导同志的要求，市委宣传部会同有关部门积极研究制定《2004—2008年北京市文化产业发展规划》，目前已形成送审稿、规划提出，今后五年加快发展北京市文化产业的主要任务是，要充分利用首都北京

保留798艺术区议案的回文

一，也是我们多种文化形态中的一支，有它的价值，现在不管哪个国际化的大城市，都有这样一块展示它的地方，比如巴黎的左岸、纽约的SOHO区。798艺术区汇集的是当代艺术，是组成和代表当代文化的一部分，它和故宫、长城这样的传统文化建筑构建起一个丰富的文化整体。

798艺术区是一个公众去消费艺术的地方，但它同时起到公共艺术教育的作用，我觉得这是一件好事。经济的腾飞必然带来文化上的冲击，这是一个规律，世界的走向就是这样的。法国是这样走的，美国是这样走的，现在我们中国也是这样走的。有些人可能觉得798艺术区现在太商业化了，但是不管它怎么变化，它的核心还是艺术，只是商业气息更浓了一点，我认为这不全是坏事。很多原来在那里的艺术家认为这种变化不合胃口，不喜欢那里了，有这种可能。我们的泰康空间也离开了798艺术区，去了草场地。但是798艺术区依然很重要，尤其在奥运期间接待了很多重要的来宾，给北京塑造了一个非常好的形象。

除了798艺术区，前几年，我还建议把前门的老北京火车站改造成北京当代艺术博物馆。我找北京市有关部门问过，但是前门火车站的产权属于铁道部门，被出租出去做了商场，租约满了以后要改成铁道博物馆。我觉得政府应该推动包括演出在内的文化艺术市场化，提供一些综合性基础服务。我曾在政协会议上提过建议，要把北京建成中国的百老汇、好莱坞。比如首都剧场、中国美术馆、中央戏剧学院这片区域，我一直觉得应该好好规划，使之成为纽约百老汇那样的地方，问题是，一方面北京城市规划没有文化区域的概念，另一方面戏剧界包括北京人民艺术剧院还没有完全走向市场，在营销体系上还是用传统的方式做演出。纽约天天有《猫》和《狮子王》的演出，那北京的一些经典京剧剧目和北京人民艺术剧院的《茶馆》为什么不能天天演呢？北京每年有八九千万国内外游客，足以支持这个市场。剧院本身应该改变营销体系，比如与国内外的旅游团建立起合作网络。

我以前开玩笑说，我敢去承包北京人民艺术剧院的演出，一定能把它做得很好。谈文化问题不能光从作品本身去看，还要关注市场和商业。要传播中国文化，京剧、话剧《茶馆》天天上演就是最好的方式。像张艺谋在太庙做《图兰朵》的演出，还有之前的“三高演唱会”，做一次就没了，其实如果文物保护条件允许的话，应该坚持做下去。

吴作人《战地黄花分外香》
1977 年，布面油画，118 cm × 175.5 cm，泰康收藏

泰康空间

2003年开始做泰康空间，我们正式开启以非营利空间支持当代艺术的模式，艺术品收藏也步入专业化、体系化阶段。建立收藏和学术研究也成了泰康空间的日常工作，研究的结果反过来辅助收藏。创办泰康空间对现当代艺术进行系统化收藏还有一个重要的推动力，就是唐昕。1996年我正在筹备泰康，还在保利大厦办公，我跟唐昕是那时候认识的。唐昕是个有理想的人，当时是一位当代艺术独立策展人，是个“文化个体户”，也策划中国跟欧洲之间的当代艺术交流展览。2000年她在国内做展览，没地方，没钱，来找我赞助，我把泰康人寿大厦顶层的多功能厅给她用。所以，2001年公司举办了第一次当代艺术展，参加的艺术家有方力钧、李大鹏、岳敏君和杨少斌。“非典”后泰康空间正式成立，那时叫“泰康顶层空间”，属于公司的公益事业部。这一做就是17年，有了今天颇具规模的企业收藏，唐昕说她是“十年磨一剑”，很不容易。

国内现在的艺术机构中明确提出并坚持实践自己理念的还是凤毛麟角，唐昕在长期的当代艺术工作实践中形成了对当代艺术的学术研究框架和价值判断标准，所以泰康空间能够在2007年形成自己的空间理念“追溯与激励”，强调以历史观的方法看待、研究和收藏当代艺术，即“从 1942 年至今”的艺术，不同于艺术界和学术界一般以 20 世纪 80 年代为起点来观察、研究当代艺术的视角，唐昕的解释是：“1942 年，毛泽东发表了《在延安文艺座谈会上的讲话》，从此开启了一个以前历史上从没有过的文艺阶段。该讲话成了后来社会文化变化的一个重要转折点。当代艺术产生于后毛泽东时代跟毛泽东时代是绝对的承上启下的关系。1942 年是一个重要的文化节点，是我们观看和研究当代艺术发生、发展的断代起点。”我觉得她这样定位还是有道理的，改革开放结束了革命的时代，中国进入一个真正建设的时代，一个融入国际的时代。新的文化、新的思想、新的潮流进来后文化艺术就开始多元化了，过去的文化严格来讲是一元化，多元文化所带来的艺术就是当代艺术。

理念就是定位，就是指导思想，公司收藏、阶段工作目标、空间的展览、活动安排等一切都要遵循这个理念。展览一方面可以支持艺术家的创作，也可以帮助做研究。泰康空间每年做几个展览，17 年来支持了几代艺术家，参加展览和活动的有 800 多人。2012 年万宝龙颁给我“万宝龙国际艺术赞助大奖”，这和泰康空间团队多年的坚持是分不开的。

泰康空间长期寻找、挖掘年轻艺术家，他们未来能不能成功还不好说，但我们不功利，我们跟随他们观察研究艺术的未来趋势。2011 年我们在中国美术馆举办收藏展，用一个整厅专门展示年轻艺术家的创作，得到了很高的评价。有一个资深的评论家说：“像《温床》之类有名的艺术家作品，你们虽然花了天价买来，大家也没有觉得多好，因为太熟悉了，但是你们这边的年轻人，呼声最高。”这样的评价，加上这些年轻人越来越多地被批评界和市场认可，都让我们觉得很自豪。

现在泰康空间已经发展成为集收藏、研究与展览为一体的专业平台，在国内艺术行业被大家肯定。2019 年 3 月，798 艺术区自主策划了首届画廊周活动，找我赞助。早在 2004 年，我就在政协提案上倡议保留 798 艺术区，在我看来，它就像我的孩子一样，所以毫不犹豫地给了赞助。为了感谢我，他们拿出了一栋废弃的厂房给泰康做收藏展用。

从 1 月确定赞助意向，到 3 月 21 号展览开幕，唐昕带领泰康空间团队把一栋废弃的厂房改造成了美术馆级别的展馆，策划了一个学术性非常高的展览“中国风景”。她和她的团队做了非常深入的综合研究，把中国从延安文艺座谈会以来的艺术发展、社会思潮、政策变化，通过专业的策展方式，呈现为贯穿历史的人文景观。展览开幕的时候，老中青三代艺术家齐聚一堂，靳尚谊先生代表艺术家发言，充分肯定了泰康的收藏视野与研究方法。

2019 年 3 月 21 日，作者与泰康空间团队合影

这次展览获得了社会各界和中央电视台、北京电视台等媒体的广泛关注，一些国家的驻华使馆还主动找到我，希望我们到他们国家做巡

回展。做这次展览，唐昕和她的团队承受了很大的压力，但这次展览也成了798画廊周期间最大的亮点，可以说是对泰康空间团队的一次检阅，是泰康美术馆落地的一次隆重预热。经过17年的发展，泰康空间成为具有独立态度与方法架构的艺术机构的战略与使命已经达成，正式进入为泰康保险集团美术馆、艺术基金会的筹建进行服务、研究的新阶段。

泰康保险集团是一个金融企业，也是股份制企业。虽然我在公司有很大的话语权，但我们是完全按照现代的、国际化的金融企业运作方式在经营，有非常严格的管理结构。董事会对于艺术品购买设置了决议程序，有一定比例的资金控制，不是说想买就买，这是一种约束。泰康收藏只是我们公益事业的一部分，代表了公司的企业形象，而不是公司的业务。当然我没有太多的精力去做这些事情，只是按照我的理念来掌控，来运作。我一直也在克制自己，华尔街有一句名言："当一个企业老板花大量时间和金钱在艺术品收藏上时，你就要卖掉这家企业的股票。"所以我不希望花大量的金钱和时间去搞收藏，我的核心宗旨是成为3亿多客户和80万员工信赖的公司。怎么才能让你的客户和员工信赖你

2011年3月，作者在泰康空间"51平方"群展现场参与艺术家作品

呢？首先你的企业发展战略是清晰的，公司的经营和财务要花在主业上面，董事长的绝大部分精力也是用在这个上面，否则这家公司可能就危险了。至于展览和收藏这样公益性的事务，就交给一个有理想和抱负的专业团队去完成，而不是自己来做。

陈逸飞《黄河颂》
1972 年，布面油画，143.5 cm×297 cm，泰康收藏

泰康美术馆

泰康空间在发展过程中，逐渐地树立起一个泰康旗下的艺术子品牌。唐昕最初跟我汇报泰康空间成为艺术品牌的时候，我还开玩笑说要去调

2019年3月21日，“中国风景：2019泰康收藏精品展”开幕式，作者（左五）与靳尚谊先生（左四）等嘉宾合影

查一下，就是觉得它的影响力有限。但这些年坚持下来，中国的艺术版图上有了“泰康系”这样一个说法，这是艺术圈对我们的认可。泰康空间的历史积累和这些无形的品牌认可，都是我们做泰康美术馆的基础。

一个民族没有艺术就没有灵魂，我常说的文化“贵族”是指对文化进行保护，对艺术热爱，真心喜欢、欣赏、鉴赏艺术的人。艺术品，不管是宋徽宗的，王羲之的，还是其他古人的，都是千年传承下来的文化珍品，是中华民族的文化财富，收藏家只是在一段时间短暂地保管一下它们。

纵观古今中外，艺术和经济是分不开的，艺术的价值离不开市场，如果没有市场，大家就不会趋之若鹜地去看某件艺术品，凡·高、毕加索的作品能拍卖到1亿元不是人们盲目炒作起来的，这背后有经济规律可循，我还是坚信市场是最伟大的。

要获得市场认可很不容易，现在很多当代画家的作品也能拍出很高的价钱，但都是小圈子运作出来的，不被大家认可。只有得到市场认可的价格才站得住脚，那是经过几代人研究、百般挑剔形成的，这种对艺术的认可就是艺术的价值，就是艺术对人类精神文明的贡献。我们说没有美第奇家族的资助就没有“文艺复兴”。今天的美国大都会艺术博物馆可以成为全球第三大博物馆，跟法国卢浮宫、英国大英博物馆齐名，并不是国家行为，而是民间行为促成的。这里面最重要的贡献来自包括J. P. 摩根、小洛克菲勒，还有已倒闭的雷曼兄弟公司的创办人罗伯特等。

一个城市经济崛起后，无数的企业家、商人、收藏家前赴后继捐赠、购买艺术品，完全是一种反映市场的行为，他们形成了三座高峰。所以我说，企业家、收藏家是艺术的天然盟友，是艺术的守护神，没有他们很难说艺术能否有今天这样辉煌与灿烂的成果，我们不能忘掉伟大艺术背后经济力量的支撑。

现代社会商业是基础，社会最重要的力量是企业家，虽然现在的企业家经常因为移民、财富转移等被妖魔化，但是所有的一切，政治、军事、教育都是建立在经济基础上，经济是一切的基础，如果没有经济，一切都是零。经济的核心是什么呢？是企业家精神。我也坚信中国经济崛起了，随之而来的一定是文化崛起。

北京是中国最有魅力、最活跃、最具有艺术创造力的城市。美国大都会博物馆崛起的核心是抓住了纽约的崛起，所以100多年前纽约发生的故事，我相信在今天的中国、今天的北京也会上演。2010年以来，中国另一个变化是财富成长带来了社会公益性，企业办博物馆也成了一个流行的行为，像龙美术馆、苏宁艺术馆等，特别是在南方，江浙、广东一带的民营企业家创建的大大小小的博物馆有很多。还有在成都，很多人都有办美术馆的想法。

我心里很敬佩西方这些大的博物馆，大家都知道我自己支持艺术，是因为我事业成功的第一站是嘉德，嘉德改变了我的一生，我要回报社会。我会一直沿着这条路走下去，发展企业的社会公益事业，推动国内美术馆事业的发展。我们要通过泰康美术馆来继续推动中国的艺术创作，推动中国成功企业家们来收藏艺术品。中国正在进入一个文化复兴、文化崛起、文化繁荣的时代。虽然艺术品市场在近几年遇到了“寒冬”，但我认为这只是一种繁荣前的调整。民营美术馆方兴未艾，我特别佩服刘益谦先生，郭广昌的夫人也在做美术馆。上海的美术馆已经走在北京的前面，龙美术馆、复星美术馆等已经有很大的影响力了。但是北京未来真正有发展前途的美术馆在哪儿？

仅仅几年的时间，国内不光出现了新兴的民营美术馆群体，越来越多的年轻人走进美术馆，年轻夫妇带着孩子参加美术馆的教育活动，甚至自己也成为美术馆的会员，新型的社会网络关系正悄悄地围绕着美术馆建立起来，对精神生活的追求，一定会让文化消费逐渐形成新的趋势。泰康空间目前正在各方面进行国际对标美术馆的研究，同时总结过去17 年的学术积累。作为泰康美术馆的基础，我想一个有 17 年史前史的美术馆在国内是绝无仅有的。同时，泰康空间团队也在协同集团各部门推进泰康美术馆、泰康艺术基金会的注册与规划。我们要学习和了解西方成熟美术馆的发展经验，研究美术馆的机制与影响力、资金与知识、艺术资源与社会需求，让泰康美术馆真正对北京城市文化的发展起到推动作用，成为中国的 MoMA。

靳尚谊《毛主席全身像》
1966 年，布面油画，262 cm × 137 cm，泰康收藏

后 记

我创办嘉德有一个崇高的理想信念，把它当作一种社会责任与任务。文化艺术非常重要，一个民族没有文化艺术就没有灵魂。嘉德带给我的改变是更深刻地认识中国古代艺术。当年我看到北宋的《文苑英华》，打开那套书，千年前的古物就像昨天刚印刷出来一样，洁白的纸张，雕版印刷，油印干净漂亮，这种冲击力难以言表。我们伟大的民族数千年的文化如此灿烂，着实震撼人心。中国几千年的文化博大精深，丰厚的文化底蕴魅力无限，创办嘉德让我爱这个国家、爱这个民族更深了。

中国经济快速发展，带动了艺术品市场的空前繁荣。拍卖市场经过 20 多年的发展，现在开始走向成熟。拍卖行一定要靠服务、靠专业、靠诚信才能长久地走下去，还必须要有一个强大的、真正享受收藏的买家群体，才能够支撑起一个健康的市场。中国现在有一个好的苗头，即杰出的企业家们和越来越多的年青一代都对当代艺术、中国传统艺术流露出了浓厚的兴趣，逐渐形成了市场蓬勃发展的良好基础。

回想 20 多年前，我还清楚地记得，嘉德第一声槌响时，中央电视台《东方时空》栏目说了这样一句话：嘉德的这声槌响，预示着纽约、伦敦、北京三足鼎立时代的到来。那时候所有人都觉得这只是一个无法实现的美好愿望。改革开放走过 40 多年，我们国家已经成为世界第二大经济体，北京也早已成为世界三大艺术品交易中心之一。在中国，现实比理想来得更伟大，祖国给予我们的东西完全超乎我们的想象，总是让我感慨万千。

几年前，我曾写下《一槌定音：我与嘉德二十年》一书，这本书以此为基础，重新调整了全书结构，增加了嘉德近年来的发展历程和值得纪念的里程碑事件。我要特别感谢靳尚谊先生和单霁翔先生为此书作序。靳尚谊先生是公认的中国油画大家，为中国肖像画的发展做出了巨大的贡献。单霁翔先生是家喻户晓的文物守护者，为传统文化的传承与传播付出了极大的努力。两位先生专注于推动中国文化艺术行业的发展，取得了重大的成就，对此我深感钦佩。

在回忆中讲故事，跟大家分享和共勉，是我人生中一件快乐的事。本书依旧延续了《一槌定音：我与嘉德二十年》的口述风格，通过多次讨论，充实修改完成，寇勤、胡妍妍、唐昕、陈奕伦对于新版内容的补充和更正提出了各自宝贵的意见。全书由陈默统筹策划；在资料编辑、稿件整理和校对上，许崇宝、陈默、迟海鹏、严冰、邹积玮、田鑫做了很多细致的工作；王婷婷、马希峰、张雯琇、丁丁参与了部分图片整理的工作；王卓然、朱丹妮、蒲宇、谷昂晟、冯艳杰、胡滨多次参加会议；孙伟、郭伟、黄子成、齐俊杰协助进行影像资料的整理与留存。

再次对参与第一版书创作的各位合作者表示诚挚的谢意，他们的辛苦付出为本书的修订与出版打下了重要的基础，他们是唐昕、王雁南、寇勤、胡妍妍、陈奕伦、张洪涛、陈莉、张攀、闫瑾、刘莹、苏文祥、许崇宝、王婷婷、窦子、刘娜。第一版编写过程中先后采访了各方人士和朋友，有海外的收藏家张宗宪、蔡一鸣、罗仲荣和徐政夫先生，嘉德团队的王雁南、寇勤、胡妍妍、高园、拓晓堂、曹丽、郭彤，原中国画研究院副院长赵榆先生，收藏家刘益谦、王薇夫妇和辛冠洁、马未都、唐大堤先生，华辰拍卖董事长甘学军先生、广州华艺拍卖董事长李秋波先生、上海拍卖行总经理林一平先生，以及专家龚继遂先生。第一版书也有原来三联书店的领导和责任编辑唐明星女士的贡献，这里对他们的大力支持一并谨致谢忱。

最后，谨借此机会对中信出版社能出版我这本书致谢。特别感谢本书的总策划沈家乐女士和徐丽娜编辑，以及各业务部门的同人在重新编辑和排版上所付出的辛劳。书中的一些词语和表达都是经过反复商讨和斟酌才决定下来，向你们展现出的专业谨慎的工作作风、精益求精的工作态度，表示深深的敬意！

《一槌定音：我与嘉德的故事》的出版离不开大家的努力付出，感谢大家！